Frank Meik
Digitale Attacke

Frank Meik

Digitale Attacke

Warum wir den digitalen Epochenwandel
selbst gestalten müssen

MW Verlag

Dieses Buch wurde klimaneutral produziert.

Bibliografische Information der deutschen Nationalbibliothek:

Die Deutsche Nationalbibliothek verzeichnet diese Publikation in der Deutschen Nationalbibliografie; detaillierte bibliografische Daten sind im Internet über http://dnb.dnb.de abrufbar.

ISBN 978-3-98152-933-3

Lektorat: Thorsten Riedl, München
Umschlaggestaltung: Petra Niepage, München
Herstellung: Hans-Jürgen Theinert, Aschaffenburg
Druck und Bindung: BoD – Books on Demand, Norderstedt
Printed in Germany

Ihre Meinung zu diesem Buch interessiert uns!
Zuschriften bitte an info@mwverlag.com

www.mwverlag.com

FSC
www.fsc.org
MIX
Papier aus verantwortungsvollen Quellen
Paper from responsible sources
FSC® C105338

Inhalt

Vorwort

Viel hätte ich dafür gegeben, wenn meine Prognosen aus „Wir klicken uns um Freiheit und Verstand“ nichtzutreffend gewesen wären. Betrachtet man jedoch die jüngsten Entwicklungen in der Medienbranche, kommt man allerdings nicht umhin festzuhalten: Die digitalen Giganten, die ich als Web-Kraken bezeichnet habe, haben sich der traditionellen Medienwelt noch schneller bemächtigt als gedacht. Am 21. Januar 2015 wurde veröffentlicht, dass Google, was die Glaubwürdigkeit angeht, die traditionellen Medien überholt hat. Unglaublich.

Und jetzt nehmen sich Google, Facebook, Amazon und Konsorten dem nächsten Feld an– besser gesagt: der nächsten Felder.

Nach der Medienindustrie sind bereits Handel und Finanzwelt ins Visier der Internetkonzerne geraten, die stets nach neuen Wachstumsbereichen gieren. Schon greifen sie auch nach anderen Dienstleistern, der klassischen Industrie und Produktion – und dann gibt es in unserer Volkswirtschaft keine Branche mehr, die verschont geblieben ist.

Amazon und Google kaufen reihenweise Roboter-Hersteller. Google erschließt mit Nest Immobiliendienste und smart grid und baut sein eigenes Auto. Auch Apple lässt ein Auto entwickeln. Alle Web-Giganten bieten sich in der einen oder anderen Form als Software-Lieferanten für Industrie 4.0 und für das Internet der Dinge an. Aus diesem Grund trägt dieses Buch den Titel „Digitale Attacke“. Industrien, die das Wohlergehen unseres Landes mitbestimmen und für unsere Volkswirtschaft essentiell sind, werden von digitalen Giganten attackiert. Tragisch ist, dass Gesellschaft, Wissenschaft, Unternehmen und Politik sich weitestgehend passiv oder angepasst verhalten. Was tun z.B. die Kommunen? Wie selbstverständlich nutzen sie die Dienste der Web Kraken, um ihre häufig veralteten Web-Angebote aufzuhübschen. Und wir – die Verbraucher, wir als noch mündige Bürger, wir als politisch Handelnde – wir tun das, was wir inzwischen am besten können: Wir schauen zu und überlassen unsere angestammten Industrien. Kampflos. Angreifern, die in erster Linie aus den Vereinigten Staaten kommen, bald auch aus Asien – nie aber, das lässt sich mit Sicherheit sagen, vom Alten Kontinent stammen.

Dabei geht es bei dem digitalen Epochenwandel nicht nur um Meinungsbildung und die damit zusammenhängenden Geschäftsfelder. Die digitale Disruption, die begonnen hat, verändert unsere Arbeitswelt nachhaltig. Es geht nun um unsere Lebensgrundlage, um unser Sein.

Die schöne, neue Welt, in der alles jederzeit und an jedem Ort zu erhalten sein wird, in der Amazon uns von A bis Z mit Waren versorgt, Facebook uns unseren letzten Wunsch abliest, Google uns alle Informationen liefert, erhalten wir auch künftig unsere Rente und Lebensversicherungen von den digitalen Unternehmen und werden wichtige Güter wie Autos von den Internetgiganten hergestellt. Aber warum sollte uns das erschrecken? Veränderungen hat es immer gegeben und wird es immer geben. Veränderungen gehören zur Entwicklung einer Gesellschaft. Sie sind nicht schlecht und können auch nicht aufgehalten werden. Veränderungen sollten uns aber bewusst sein, und insbesondere ihre Konsequenzen sollten uns interessieren. So können wir Veränderungen nicht verhindern und wollen es meist auch nicht. Aber wir sollten darauf achten, dass Veränderungen uns in eine Gesellschaft führen, die unsere wesentlichen demokratischen Grundwerte, auf denen unser Sein basiert, nicht zerstören, sondern achten. Mit diesem Buch möchte ich mich keineswegs gegen die Digitalisierung aussprechen und schon gar nicht gegen Veränderungen im Allgemeinen. Im Gegenteil. Wenn wir die Herausforderungen der neuen Welt nicht annehmen, fallen wir hoffnungslos zurück. Aber wir müssen die Veränderungen selbst gestalten und zwar konstruktiv im Sinne unserer demokratischen Grundwerte und unserem Verständnis von Recht. Wir müssen uns den Herausforderungen stellen. Alle „alternativlosen" Veränderungen müssen wir kritisch hinterfragen. Wenn unsere freiheitlichen Grundrechte und Werte in Gefahr sind, müssen wir nach Alternativen und am besten nach eigenen Antworten suchen und nicht einfach alles durchwinken. Die wichtigsten Bereiche, die deshalb auch zunächst betrachtet werden, wie Politik, Wissenschaft, Wirtschaft und Gesellschaft, müssen Position beziehen. Oder haben sie dies bereits getan? Wir werfen einen Blick in das, was getan wird, und das, was getan werden müsste. Aber auch der einzelne Bürger kann viel zur richtigen Ausrichtung beitragen. Wir alle dürfen nicht fünf Todsünden erliegen, die für den ungebremsten Siegeszug der Web-Kraken verantwortlich sind: der Naivität, der Bestechlichkeit, der Engstirnigkeit, der Selbstgefälligkeit und der Maßlosigkeit. Geben wir uns Zeit zum Nachdenken, könnten uns fünf Grundsätze helfen, eine Lösung zu finden, und die digitale Revolution für uns in eine positive Richtung lenken.

Unser Wohlstand beruht auf einer Wertschöpfung, die ohne Industrie und Handel nicht denkbar ist. Wir haben deshalb annähernd Vollbeschäftigung. Wenn sich dies alles verändert, wo bleibt dann unsere Arbeit? Was ist mit unserem Wohlstand?

Eine Übertreibung? Mitnichten.

Werfen wir nur einen kleinen Blick in das Jahr 2025: Die Kraken werden meiner Ansicht nach dann die Herrschaft über den Handel übernommen haben, wahrscheinlich sogar noch viel früher. In den Innenstädten gibt es noch Läden mit unterschiedlichen Namen – aber im Hintergrund agieren die Web-Giganten. Sie greifen schon jetzt nach der Macht außerhalb ihrer angestammten Territorien. In naher Zukunft werden sie in der realen Welt angekommen sein.

„Shoppen“ wird dann nur einen Zweck erfüllen: Die Gewinne der Internet-Konzerne zu erhöhen. Wirklich leisten können wir uns das nicht mehr. Wie kann es aber dann dennoch gelingen, Gewinne zu machen? Die Finanzkrise hat jetzt schon einige Staaten entscheidend geschwächt. In einigen Jahren werden diese Länder auf unsere Mittel angewiesen sein. Nur haben wir dann genügend Mittel, um diese Schulden auszugleichen? Eine Lösung drängt sich auf: Konsumenten werden für die Web-Kraken arbeiten, um ihre Schulden zu tilgen.

Die Staaten werden mit diesem Vorgehen übereinstimmen. Vielleicht werden 2025 Wirtschaft und Regierungen einen faustischen Pakt eingegangen sein. Was bleibt den Politikern anderes übrig: Sie haben ihre Länder in den Bankrott gewirtschaftet; die Kraken dagegen haben Milliarden auf dem Konto. Auch auf der Informationsebene gehen beide Hand in Hand: Die einen wissen alles über die Bürger, die anderen nutzen diese Daten, um für Ruhe im Land zu sorgen.

Rechtsstaat, ade.

Ich gehe zu weit? Ich schreibe nur Entwicklungen fort, die wir heute schon beobachten können, wenn wir aufmerksam durch das Leben gehen und alles so weiterlaufen lassen.

Die Digitale Attacke – bis hierhin

Die Veränderung der Mediennutzung ist heute offensichtlich. Viele junge Menschen nutzen nur noch digitale Angebote. Printauflagen gehen ständig zurück, Werbeanzeigen im Print werden immer seltener. Einige Produkte im Zeitungsbereich haben darunter zu leiden: Financial Times, Frankfurter Rundschau, Abendzeitung. Wenn das in unserem demokratischen System so hochgelobte Prinzip des Durchsetzens der besseren Argumente gelten soll, brauchen wir unterschiedliche Meinungen, verschiedene Sichtweisen und eine differenzierte Berichterstattung. Das wichtigste Land Europas leistet es sich, einen wichtigen Teil seiner Tagespresse zu verlieren. Viele Journalisten verlieren ihre Jobs, weil die klassischen Medien, Zeitungen und Zeitschriften, sparen. Der Handel hat enorme Wachstumsraten zu verzeichnen, allerdings nur im digitalen Bereich. Der große Umsatzkönig heißt Amazon. Kreditvergabe online ist schon heute möglich. Vor kurzem haben die Samwer-Brüder in Deutschland auch noch eine Online-Bank eröffnet. Ihre „Rocket Internet AG“ ist ein Star an der Börse geworden.

Die Berichte über das „Internet der Dinge“, d.h. der Austausch von Gegenstand zu Gegenstand, hat ein rasantes Tempo aufgenommen. Google hat ein Unternehmen für Sensortechnik gekauft. Amazon produziert Filme, Google beteiligt sich an einem Unternehmen mit Weltraum-Satelliten. Unsere Politiker und Medienmanager gehen derweil ins Gelobte Land, um sich strahlend mit der Google Brille ablichten zu lassen.

Aber was daran gefährdet unsere Arbeitsplätze? Warum sollten wir um unseren Wohlstand fürchten, wenn Google uns das Geld leiht, Amazon die Waren liefert und unser Kühlschrank ohnehin die Lebensmittel bestellt? Wir werden schon nachdenklicher, wenn wir sehen, dass die Autohersteller Kooperationen eingehen und BMW, Audi und Mercedes über das selbstfahrende Auto mit Google sprechen. Dabei sind Maschinenbau und Automobilproduktion die sichersten Standbeine, auf denen unsere Exportleistung seit vielen Jahren steht.

Internetkonzerne scheinen die ersten wahrlich global denkenden und handelnden Unternehmen zu sein. Sie lösen sich von der Produktion. Sie bauen Logistik auf, die nicht mehr an Nähe zum Kunden und somit an keinen Standort gebunden ist. Ihre Geschäftsabläufe werden an Länder, Regionen und an jeden einzelnen Kunden angepasst. Ihre Roboter produzieren die personalisierte Ware.

Sollten sie die Oberhand gewinnen, werden die Web-Giganten die Bedingungen diktieren – nicht nur in Sachen Löhne und Gehälter. Wie Handel und Dienste wird auch die Herstellung völlig neu konzipiert. Dieses Denken ohne Vorbedingungen fällt schon den Konzernen schwer – der Mittelstand ist dabei völlig außen vor. Die Web-Giganten gehen hingegen auf der Grünen Wiese mit klarer Fokussierung auf dem zukünftig technisch Möglichen und ausgerichtet an den Kundenwünschen vor. Amazon experimentiert angeblich schon mit einem fahrbaren 3D-Drucker (auf einem LKW) – die Produktion kommt dann zum Kunden. Aber wenn die Digital-Giganten die neuen Produzenten sind, können doch unsere Arbeitsplätze erhalten bleiben? Dann würden eben diese Unternehmen bei uns produzieren und unsere Infrastruktur und unseren Wohlstand sichern. Doch wenn es um Arbeitsplätze oder um Sozialverpflichtungen geht, schneiden die Web-Kraken sehr schlecht ab., In einer Reportage der „Financial Times“, dem englischen Original, fällt Glenn Watson, Verantwortlicher für Wirtschaftsförderung der englischen Hafenstadt Rugeley, ein vernichtendes Urteil über Amazon. Der weltweit größte Internethändler, das nach Google und Facebook drittgrößte Unternehmen der Web-Wirtschaft insgesamt, unterhält dort ein Lager. Der Web-

Krake kommt trotzdem nicht gut an. „Sie sind nicht als guter Arbeitgeber bekannt“, sagt der Wirtschaftsförderer. „Und sie helfen auch nicht unserer heimischen Wirtschaft.“

Das liegt nicht nur an den gewieften Steuersparmethoden der Internetunternehmen, die ich in „Wir klicken uns um Freiheit und Verstand“ am Beispiel der Suchmaschine Google schon beschrieben habe. Die Steuerexperten von Amazon sind nicht weniger einfallsreich, wenn es darum geht, die Steuerlast zu reduzieren, und sich der solidarischen Verantwortung für gesellschaftliche Themen wie Bildung, Verkehr oder Sicherheit zu entziehen. Das können andere zahlen.

Dass die Internetkonzerne wenig gelitten sind, auch wenn sie für eine Region auf den ersten Blick Vorteile bringen könnten, liegt auch an den ausbeuterischen Methoden. Oft werden Leiharbeiter eingesetzt. Sie werden nicht wie normale Arbeitnehmer bezahlt und behandelt. Sie werden oft sogar von dafür geschultem Personal überwacht. Eine ARD-Reportage hat die Verhältnisse bei Amazon Deutschland aufgedeckt, dargestellt und damit zumindest kurzfristig einen Sturm der Entrüstung ausgelöst. Nun kämpft Verdi um tarifvertragliche Regelungen. Die erste Prognose eines Fachmanns lautete: „Dann werden diese Arbeitsplätze eben von Robotern ersetzt.“ In den USA hat Amazon bereits ein Unternehmen gekauft, um die Lagerhaltung weitestgehend zu automatisieren. Oder die Lagertätigkeit wird nach Polen verlagert.

Noch gibt es solche Roboter bei uns nicht. Aber Amazon errichtet in Polen drei neue Auslieferungslager. Mit den Aktionen in Deutschland habe dies nichts zu tun, so heißt es in offiziellen Verlautbarungen.

Wie blind sind wir eigentlich, was strukturelle Entwicklungen und Arbeitsplätze angeht?

Noch viel wichtiger scheint mir die Wirkung der Netzgiganten auf unsere Demokratie. Unsere Medien gelten als die vierte Macht im Staat. Wir brauchen viele Informationen, um uns eine Meinung zu bilden, aber wir brauchen auch Meinungen. Nur sollten beide Dinge erkennbar getrennt sein. Aufgrund der digitalen Vielfalt und der Möglichkeit, Informationen auch per Bild individuell und schnell zu erzeugen, erhalten wir eine unüberschaubare Anzahl von Informationen pur. Zudem können wir die Qualität der „Informationen“ nur sehr schwer einschätzen und schon gar nicht beurteilen.

Gibt es bei der Übermittlung Informationen oder Werturteile? Werden Tatsachen vermittelt oder Vermutungen? Gibt es lediglich nach bestimmten Interessen „gefärbte“ Übermittlungen? Was von dem, was übermittelt wird, ist überprüfbar – oder sogar recherchiert? Wie sind Informationen, Vermutungen oder Meinungen einzuordnen? Was von dem, was gesagt oder berichtet wird, liefert ein verlässliches Bild des Geschehens? Was ist verfälscht, was wurde nachgestellt?

Solche Fragen haben in der Medienwelt von einst Journalisten für uns beantwortet. Mal gut, mal weniger verlässlich. Künftig aber wird deren Stimme im Dickicht der „Informationen“ kaum noch zu hören sein.

Ein Überschuss an Details kommt auf uns zu. Ohne Differenzierung nach Qualität und Unterscheidung von überprüfbaren und meinungsmachenden Informationen werden wir mit einer Vielzahl von „news“ überschwemmt.

Was ist wichtiger, der Streit um die armen Flüchtlinge, die sich von Afrikas Küsten unter Lebensgefahr nach Italien schleppen lassen, um nach Deutschland zu kommen, die Veränderung der weltpolitischen Lage in China und Indien oder die Veränderungen in Vorderasien und in Osteuropa, insbesondere der Ukraine. Journalistische Meinungsvielfalt könnte bei den Antworten auf diese Frage helfen.

Wir haben nach und nach verlernt, unseren eigenen Weg zu wichtigen Informationen für Politik, Wirtschaft und Gesellschaft und für unsere Meinungsbildung zu finden.

Als Beispiel sei der Wahlkampf zur Bundestagswahl 2013 in Deutschland genannt. Populistisch ging es zu. Es wurde um Mindestlöhne und prekäre Arbeitsverhältnisse gestritten. Die Berichterstattung hierüber in den elektronischen Medien nahm einen so überdimensionierten Raum ein, dass nach einer Befragung des Instituts für Demoskopie Allensbach die große Mehrheit in der Bevölkerung glaubte, mehr als ein Drittel der Arbeitsverhältnisse in Deutschland seien Leiharbeitsverhältnisse oder „prekäre Arbeitsverhältnisse“. Tatsächlich zählen gerade mal 3% der Arbeitsverhältnisse zu dieser Kategorie. Die falsche Botschaft über die Medien prägt unsere Gesellschaft. So war fast die Hälfte der Bevölkerung nach der Wahl im Oktober 2013 davon überzeugt, dass ein Mindestlohn von 8,50 Euro zu gering ist! Und dies, obwohl viele Wirtschaftsfachleute plausibel darstellen, dass selbst ein Mindestlohn von 8,50 Euro vielleicht hunderttausend Jobs vernichten würde. Aber wen interessiert dies schon?

Die Verlockung ist groß, sehr viel aufzunehmen, was aber nicht dem Verständnis und der Wertung der Geschehnisse, sondern allein der Unterhaltung dient. Wir verwechseln die elektronischen Medien, die nur unterhalten wollen, mit Informationsmaschinen, die zur Meinungsbildung beitragen. Wir verkennen die Funktion der „Sozialen Netzwerke“, der virtuellen Angebote und der schönen Scheinwelt, die sich darauf stützt, dass in der realen Welt die Dinge hart erarbeitet werden müssen. In der virtuellen Welt scheint alles von selbst zu gehen.

Was beim „Rundfunk“ – wie bei den gedruckten Zeitungen - nicht möglich ist, im Web wird es verwirklicht: Streaming, Video on demand und TV, alles im Web. Alles liefern die Web-Giganten - bis zur exakten Ausspähung unserer Gewohnheiten. Warum spielt Amazon Leihbibliothek? Warum steigt das spanische Web-Kaufhaus im deutschen Streaming-Markt ein? Weil die Server da sind. Netflix braucht keine eigenen Maschinen. Die Rechner von Amazon werden vermietet und stehen für den Service zur Verfügung. Streaming bringt wertvolle Daten und bestenfalls Kostendeckung. Der Handel aber bringt das Geld.

Immer wieder geht es nur um Populismus und Unterhaltung. Die neuen Webmaschinen bedienen dies perfekt. Mit der Abstimmung „Gefällt mir“ wird den Abstimmenden suggeriert, dass sie entscheiden, was wichtig und richtig ist. Nicht die Sachlage und die Verhältnisse entscheiden, sondern das Empfinden der Mehrheit.

Nun hat sogar ein Gericht entschieden, dass sich auch öffentliche Einrichtungen mit unseren Steuergeldern in den Reigen der „Gefällt mir“-Freaks einreihen dürfen. Wollen wir dies wirklich? Und warum brauchen wir diese Votings? Glauben wir wirklich, dass es darauf ankommt, nur dem Gefühl, was gefällt, zu folgen ist? Mit allen Entwicklungen, die sich nicht mehr mit der Differenziertheit von Positionen auseinandersetzen, sondern auf Stimmungen setzen, kommen wir nicht weiter. Wir müssen uns um die Folgen von Entwicklungen für die Gesellschaft, die Zukunft und das Miteinander kritisch-konstruktiv beschäftigen. Mit „wir“ meine ich zum einen uns als Bürger eines Staates, zu dessen wichtigsten Grundpfeilern die Freiheit gehört – die politische, auch die wirtschaftliche, die existentielle. Vielleicht ist uns nicht mehr bewusst, welche Freiheit wir haben, und dass sie nichts Selbstverständliches ist. Der Umgang mit den Digitalgiganten ist einfach zu sorglos. Das Einzige, was wirklich zu zählen scheint, ist die Bequemlichkeit. Beispiele wie Max Schrems sind die Ausnahme. Der österreichische Student der Rechtswissenschaften wollte von Facebook Einsicht in seine Daten. Was speicherte der Krake, wenn Schrems die Internetseite nutzt, dort seine Bilder hoch lädt oder bei der Webseite seiner Lieblingsband auf den „Gefällt mir“-Knopf drückt? Wozu, das ist dann noch einmal eine ganz andere Frage.

Schrems hat nach langem Kampf nach den Prozessen Auskunft erhalten. Nach dem Urteil des EuGH, dass es ein Recht auf Vergessen gibt, haben auch andere Anträge an Facebook und Google gestellt.

Was auf diese einfache Frage folgte, war für Schrems ein langer Weg durch die Instanzen. Facebook blockte alle Versuche mit seinen Justiziaren ab. Nach einigen Medienberichten folgen dem jungen Österreicher inzwischen mehr als 40.000 Facebook-Kunden, die ebenfalls Auskunft verlangen.

So weit wie der Jurastudent allerdings gehen die wenigsten. Sie lassen sich von der Bequemlichkeit der sozialen Netze einlullen. Dabei hätten die Nutzer die Macht, die Masse der Anbieter mit ihrer quasimonopolartiger Stellung in Teilsegmenten des Internets zu Fall zu bringen – und zur Vernunft. Es gibt aber aus dieser Richtung keinen „Ruck“, der Veränderungen einleitet.

Hoffen wir also auf die Politik.

Hoffnungslos, sagen Sie?

Leider teile ich Ihren Pessimismus, wenn sich nichts ändert. Hiesige Politiker bestechen nicht unbedingt durch ihre Fachkenntnis, wenn es um die Web-Kraken und ihr Geschäft geht. Allzu schnell lassen sich die Damen und Herren an der Macht umgarnen von Versprechungen, etwa in Punkto Investitionen vor Ort oder neue Arbeitsplätze.

Vom französischen Politiker Bruno Le Maire stammt ein in seiner Offenheit überraschendes Bekenntnis, ein Zustandsbericht des Politikbetriebs, der uns in Angst und Schrecken versetzen sollte. Le Maire war drei Jahre lang Minister für Ernährung, Landwirtschaft und Fischerei unter Premier François Fillon. Im seinem Buch „Jours de Pouvoir", frei übersetzt „Tage der Macht", beschreibt er seine Zeit an der Spitze der Macht in Frankreich. FAZ-Autor Nils Minkmar bemerkt dazu in einer Rezension des Buches:

> „Wer das Gefühl hat, dass die europäischen Spitzenpolitiker den Kontakt zu ihren Wählern verloren haben, dass die Gesellschaft den Parteien und politischen Instanzen weit voraus ist, dass also jene, die uns regieren, irgendwo den Faden verloren haben und Kompetenz seitdem weitgehend simulieren, der darf sich nun in blendender Deutlichkeit bestätigt fühlen."

Das schmerzt ebenso wie die Offenheit der Beobachtungen von Le Maire aus seiner dreijährigen Amtszeit. „Die Regierung hält nicht mehr alle Fäden des Kapitalismus in der Hand", schreibt der konservative, noch recht junge Politiker, Jahrgang 1969. „Höchstens noch einen oder zwei, und wenn sie nicht achtgibt, so ist sie morgen selbst die Marionette – und der Kapitalismus die Hand. Der Tag wird kommen, an dem Unternehmen, ausländische Firmenchefs, Pensionsfonds und Investoren uns sagen „machen!" und wir werden gehorchen."

Viele, besonders junge Menschen beschleicht Politikmüdigkeit. Dies hat sehr vielfältige Gründe. Den Politikern schenken sie kein Vertrauen. Kein Wunder. Aber wer genießt das größte Vertrauen der Jugend? Facebook, Google & Co. Sie gelten nicht nur als attraktive Arbeitgeber. Ihre Angebote genießen scheinbar grenzenlose Wertschätzung bei der Jugend. Vertrauen, das auch gefährlich sein kann. Im März 2015 berichtet die FAZ über Untersuchungsergebnisse des amerikanischen Forschers Robert Epstein. Epstein verweist bei einem Vortrag auf der Cebit auf die mögliche Beeinflussung von Wahlergebnissen durch den Google Algorithmus. Sein Amerikanisches Institut für Verhaltensforschung und Technologie hat hierzu Untersuchungen zu Wahlen in Indien und den USA durchgeführt. Epsteins Aussage und die hiermit verknüpfte Warnung, die er ebenfalls ausspricht, sollten uns zu denken geben.

Es ist interessant zu beobachten, welche Auswirkungen große gesellschaftliche Umwälzungen auf die Menschen und ihre Psyche haben. So ist seit Beginn der Industrialisierung die Rede von der „Fatigue", medizinisch vom Erschöpfungssyndrom oder neudeutsch: vom Burnout. Seit die Maschinen die Macht über die Produktion übernommen haben, kämpfen die Menschen damit, Schritt zu halten mit der Entwicklung.

Sollte ich ein vergleichbares, bezeichnendes Synonym für das Zeitalter der Digitalisierung wählen müssen, so würde ich dem „Digital Immigrant" (das sind alle, die nicht mit dem Internet aufgewachsen sind) eine ähnliche Müdigkeit aufgrund der immensen Umstellungswelle attestieren. Den sogenannten „Digital Natives", und dazu zählen fast 35% der Bevölkerung, muss ich umgehend aber auch grenzenlose Naivität diagnostizieren. Man könnte es auch als Gutgläubigkeit bezeichnen - die Nerds denken vom Internet als einer schönen neuen Welt, die sich die nötigen Regeln selbst erschafft und Gleichheit anstrebt. Aber wieviel Naivität ist erforderlich, um an diese heile Welt des „Don´t be evil" nach wie vor glauben zu können?

Ohne weiteres tragen wir unsere intimsten Daten bei Facebook ein. Unsere Waren bestellen wir bei Amazon, weil es so schön bequem ist. Die Bankgeschäfte tätigen wir schon in naher Zukunft über das Handy, das haben wir ja sowieso immer dabei. Und wir bezahlen damit – wahrscheinlich schafft mal wieder Apple den Durchbruch.

Und bald werden die digitalen Giganten Wege finden, uns auch ihre selbst produzierten Güter schmackhaft zu machen. –

Das selbstfahrende Google Auto lässt grüßen. Dabei geht es Google weniger um das wunderbare Produkt Auto als um die ungeheure Menge an Daten, die mit dem Google Auto erfasst, genutzt und verwertet werden können. Hier macht Big Dat sehr viel Sinn!

Digitale „Naive“ – so müsste es heißen.

Es gibt bereits die Produktreihe „Amazon Basics“. Für ein paar Cents weniger, im Wortsinne, bekommen wir hier einfache Produkte. Die paar Cents sollten uns wenig kümmern, vor allem angesichts der langfristigen Auswirkungen auf unsere Volkswirtschaft und Gesellschaft. Doch unsere Naivität hält uns auch in diesem Feld davon ab, die dahinterliegende Strategie zu sehen.

„Geiz ist geil“ – aber nur, wenn es um die direkte Bezahlung in Geld geht. Mit sehr wichtigen Gütern wie Informationen und Daten über uns und unsere Welt gehen wir sehr großzügig um. Da kann jeder fast alles für nichts haben – besonders die Web-Giganten.

Naivität, gepaart mit **Bestechlichkeit** und **Selbstsüchtigkeit**, dazu **Maßlosigkeit** und **Engstirnigkeit**. Das sind die fünf Todsünden der Digitalisierung, die Konsumenten, Politikern, aber auch Unternehmern anzulasten sind. Und die uns auf Sicht von wenigen Jahren großen Schaden zufügen können. Wir haben viel zu verlieren. Es wird Zeit, sich aktiv und verantwortungsvoll mit der sich ändernden Welt zu befassen und Gestaltungswillen zu entwickeln. Wir müssen den digitalen Veränderungen mit Mut und Offenheit gegenübertreten und auch dort, wo es geboten ist, sich wehren.

Ich höre schon die Kritiker: Den Buchdruck hätte man wohl auch verbieten müssen, der hat Hunderte von Mönchen weltweit um ihre Arbeit gebracht. Und Web-Maschinen: Das war der Tod einer ganzen Branche, samt Spinnern und deren Familien. Zurück zu den Kutschen?

Nein. So etwas stellt keine Kritik an meinen Gedanken dar, das ist billige Polemik. Wenn Henry Ford so viel Kapital wie Apple oder Google gehabt hätte, würden wir heute in der xten Weiterentwicklung der Tin Lizzie, der Blechliesel, durch die

Gegend kurven. Es gab zu Beginn der automobilen Ära allerdings genug Länder, die Interesse an der Technik hatten. Und so gab es schon bald nicht mehr nur den Ford Modell T, sondern eben auch die Alternativen.

Die Entwicklungszyklen mögen sich ungeheuer beschleunigt haben, aber heute müssen wir ebenso dafür sorgen, dass sich die Internettechnik, und vor allem ihre Protagonisten, nicht ungehemmt vermehren. Im Gegenteil: Monopole. Ob Apple, Microsoft, Google, Facebook, Amazon, Ebay – nehmen sie, wen Sie mögen: Alle Digitalgiganten wetteifern um ein Quasi-Monopol. Einer Welt, in der die Konkurrenz eben nicht mehr einen Klick entfernt ist. Im Internet stellt das eine valide Überlebensstrategie dar. Die digitalen Weltmachtführer dringen immer mehr in traditionelle Bereiche ein. Wir beschäftigen uns dagegen im Wettbewerbs- und Kartellrecht noch sehr kleinteilig mit regionalen Märkten, manchmal sogar lokalen Märkten. In Europa und Deutschland werden diese Regeln immer noch auf die Old Industry angewendet, sehr zur Freude der weltweit agierenden Web-Giganten.

Wir brauchen Innovationen, die sich auch mit der Weiterentwicklung im neuen digitalen Zeitalter beschäftigen. Vielleicht müssen wir in einer Übergangszeit auch notfalls heimische Produzenten stützen, Konkurrenz zu Google oder Amazon aufbauen. In jedem Fall müssen wir unseren eigenen Weg finden, den wir gehen wollen. Und wir müssen für Wettbewerbsgleichheit sorgen. Auch die digitalen Giganten müssen in gerechter Weise über das Steuerungsinstrument Abgaben an der Infrastruktur beteiligt werden, die sie so intensiv nutzen.

Vor allem müssen wir uns endlich der Entwicklung bewusstwerden, die „hinter den Kulissen“ stattfindet. Es geht nicht darum, hier oder da ein paar Cents zu sparen, oder die schönere Internet-Heimat für das Familienalbum zu finden. Im Zentrum aller Aktivitäten der Digitalgiganten stehen letztlich wir.

Es geht um uns, um unsere Daten, um die Direktbeziehungen zu Kunden und um die Arbeitsplätze von morgen. Nur vordergründig geht es um unsere Konsumwünsche. Es geht eher darum, in unseren echten Freundeskreis einzudringen und zur Not auch das Vertrauen unserer Kontakte zu missbrauchen.

Vielleicht begrenzt im Handel und z.T. in der Finanzbranche und noch in der produzierenden Industrie haben wir die Chance, das zu verhindern, was sich in der Medienwelt kaum noch aufhalten lässt: die ungehinderte Verbreitung der Web-Giganten. Wir sollten uns dieser Herausforderung so früh wie möglich stellen – am besten jetzt!

Aus der Historie nichts gelernt

Bei näherer Betrachtung ist erstaunlich, dass die Intelligenzija das Zeitungssterben betrauert, die Einöde in den Medien deutschland- wie weltweit beklagt, sich aber weiter durch das Netz, das Fernsehen zappt, Zeitungen und Magazine durchblättert auf der Suche nach durchdachten Beitragen – aber zugleich die jüngsten Entwicklungen und die grundlegenden Veränderungen nicht wahrzunehmen scheint. Warum unternehmen wir wieder nichts gegen die Attacken, die schon jetzt gegen den Handel laufen, bald schon die Finanzindustrie ergreifen und sich über kurz oder lang bis auf das produzierende Gewerbe ausdehnen werden? Ist es Unwissenheit? Liegt eine Fehleinschätzung vor? Ist es fehlender Mut? Oder ist es Gleichgültigkeit? Tatsache ist, dass die Entwicklungen ungehemmt weiterlaufen.

Oliver Samwer bringt es auf den Punkt: „Es wird alles noch viel schneller gehen als bisher." Das sagte der deutsche Internet-Manager auf der Konferenz „Der Handel im Wandel", die der Handelskonzern Tengelmann inzwischen jährlich veranstaltet.

Samwer ist zwar erst Jahrgang 1973, aber ein deutscher Online-Insider, wahrscheinlich einer der erfahrensten. Mit seinen Brüdern Alexander und Marc hat er 1999 den deutschen Ebay-Klon Alando gegründet. Das Nachahmen von erfolgreichen Startups aus dem Land der unbegrenzten Möglichkeiten ist zum Markenzeichen von Rocket Internet geworden, der auf Internetunternehmen spezialisierten Beteiligungsgesellschaft der Samwer-Brüder.

Zu den Gründungen der drei gehört Zalando, vom Namen eine Hommage an ihr erstes Unternehmen Alando und Schuhgeschäft im Netz, das die Umsatzmarke von einer Milliarde Euro im Jahr längst geknackt hat. Es scheint zurzeit nicht so, als sei es eine der wenigen deutschen Erfolgsgeschichten im World Wide Web. Zalando weist noch eine Besonderheit auf: Mit Tengelmann beteiligt sich an dem Unternehmen einer der wenigen deutschen Offline-Handelskonzerne, der die Online-

Bedrohung und -Chance früh verstanden hat. „Er ist immer noch der einzige klassische Einzelhändler bei uns“, erklärt Samwer in einer seiner seltenen öffentlichen Auftritte. „Da fragt man sich: Wo sind denn die anderen alle?“.

Und er wundert sich weiter, wieso die Offline-Händler noch immer in Beton investieren, statt in das Zukunftsgeschäft. Der Anteil des E-Commerce am Umsatz im Handel wird nach seiner Ansicht immer weiter steigen, bis ein Vielfaches des heutigen Volumens erreicht ist. Vier von fünf deutschen Handelsunternehmen würden den Ausleseprozess, der nun beginnt, nicht überstehen. Die aktuellen Strategien, wie etwa die von Mediamarkt, sieht er als „Ideen von Ratlosen kurz vor ihrem Ende“. Als Teil der Media-Saturn-Gruppe sucht der Elektronikmarkt noch immer seinen Weg im Netz. Bislang erfolglos. Samwer geht davon aus, dass Amazon in zehn Jahren das Unternehmen mit der höchsten Börsenbewertung weltweit sein wird.

Und meiner Meinung nach könnte er mit diesen Prognosen Recht behalten, wenn sich nichts ändert.

Es gibt nämlich keine Zwangsläufigkeit in diesem Ablauf. Die weitere Zukunft wird bestimmt von der Komplexität der Prozesse: Informationen zu vermitteln ist ein einfaches Geschäft. Deshalb waren die Medien als erste dran. Der Handel, reduziert auf den einfachen Austausch von Waren, kommt als nächstes. Dann rückt das Finanz- und Versicherungswesen in den Fokus, in dem weitere Determinanten eine Rolle spielen, nicht zuletzt die Tatsache, dass einige, insbesondere die jüngeren Spieler der Internetszene, zu einem nicht zu unterschätzendem Maße auf das Wohlwollen der Financiers angewiesen sind.

Apple, Google oder Microsoft agieren dank der Milliarden auf ihren Konten schon deutlich unabhängiger. Mittlerweile haben sich die früheren Gerüchte über eine Internet Bank zur Tatsache verdichtet. Es gibt auch in Deutschland die erste iBank. Und wer hat sie gegründet? – Die Samwer Brüder natürlich.

Am Komplexesten schließlich gestaltet sich das Kapern der Industrie. Nicht alles lässt sich im Gewerbe bereits digital abbilden – aber es dauert nicht mehr lange, bis Schranken fallen.

Als Stichwort sei nur die 3D-Produktionstechnik genannt, die Dinge vermeintlich aus dem digitalen Nichts schafft und die zudem „vor der Haustür" stattfinden kann – man denke sich den Laster, der zuerst die Möbel druckt und dann das Geschirr.

Die Kraken haben einen anderen Ansatz im Denken, der sie zu sehr gefährlichen Streitern macht: sie denken in Services. Die Old Industry denkt: Welches Produkt brauchen die Kunden? Welche Dienstleistung rufen die Kunden ab? Die Web-Giganten fragen: Was wollen die Kunden – und wie können wir dabei helfen? Die Kunden wollen oft keine Hose kaufen, sondern ein Outfit. Sie wollen nicht nur eine Flugreise oder Hotel buchen, sondern interessieren sich für das Gesamtprodukt Urlaubsreise: mit Umgebungsinformationen, Reiseführer, Versicherung, Bewertungen anderer Reisender, Erlebnismöglichkeiten und Kontakten.

Die Web-Giganten nutzen Kundeninformationen zur Personalisierung ihrer Angebote: – Was hat der Kunde wie lang angeschaut? – den Einsatz von NFC (Near Field Communication), personalisierte Preisschilder inklusive kundenabhängiger Preisstrukturen.

Das Unternehmen iBeacon z.B. spielt den Einzelhändlern ähnliche Kundeninformationen zu wie dem Versandhändler.

Eine kurze Geschichte – des Handels

Handel – der Begriff bezeichnet den Austausch von Waren zwischen Hersteller und Konsument. Vergegenwärtigen wir uns den Tauschhandel vor langer Zeit, bei dem Produkt gegen Produkt, die Kartoffeln des Bauern gegen das Kleid vom Schneider getauscht werden. Später kam das Handelsgeschäft hinzu, wir bekommen gegen bunt bedrucktes Papier – Geld – eine Ware. Der Schneider gibt uns die Kleidung gegen das von einer dritten Institution – dem Staat oder der Bank – abgegebene Versprechen, ihm den Papierschein jederzeit einzulösen.

Noch ein paar Jahrhunderte vergehen, bis die ersten Handelsbetriebe aufmachen. Rudolph Karstadt beispielsweise gründete im Mai 1881 sein Warengeschäft in der Krämerstraße in Wismar. Sein Tuch-, Manufactur- und Confectionsgeschäft Karstadt spezialisierte sich auf den Ankauf von Waren – und deren Verkauf, ohne die Produkte weiter zu bearbeiten oder zu veredeln. Das war gegen Ende des 19. Jahrhunderts die Geburtsstunde des Handels moderner Prägung. Das besondere Erfolgsgeheimnis von Rudolph Karstadt bestand darin, seine Waren zum Festpreis zu verkaufen. Damals war Handeln und Feilschen noch üblich. Die Kunden gewöhnten sich schnell an den neuen Weg, auf diese Weise ihre gewünschte Ware zu erwerben. Innerhalb kürzester Zeit überzog Karstadt das junge Reich mit Filialen. Eine Erfolgsgeschichte aus vergangenen Tagen.

An Karstadt spiegelt sich deutsche Handelsgeschichte, in allen Tiefen wie der Weltwirtschaftskrise Ende der 20er Jahre und Höhen wie den Wirtschaftswunderjahren der 50er. Die meisten werden ihre Erfahrungen mit den Warenhäusern haben, die noch bis vor wenigen Jahren die Innenstädte in vielen deutschen Städten prägten. Wir alle wissen auch, dass es in dieser Geschichte kein Happy End gibt.

Das traditionsreiche Unternehmen musste 2009 Insolvenz anmelden. Schuld war keineswegs allein das Missmanagement des Thomas Middelhoff. Unabhängig davon, wie man dessen Führung bewerten will. Der Handelskonzern war so aufgestellt, dass er in einer tiefen Strukturkrise steckte und es bereits eine Minute vor zwölf war. Es war unklar, wie man mit der jüngsten Entwicklung im Handel umgehen sollte: dem E-Commerce – dem elektronischen Verkauf von Waren. Hierauf müssen Kaufhäuser eine neue eigene Antwort suchen und finden. Karstadt hat einen Investor gefunden, viele Warenhäuser allerdings wurden geschlossen. Im Netz versuchen die neuen Eigentümer ihr Glück ebenso. Gegen Größen wie Amazon oder Ebay hat das Unternehmen aber trotz seiner Tradition bei uns keine Chance. Deutsche Kunden kaufen zunehmend bei nordamerikanischen Online-Lieferanten, vor allem bei Amazon.

Die Anfänge des elektronischen Kommerzes führen zurück in die 90er Jahre und haben den tiefgreifendsten Wandel eingeleitet seit dem Übergang von der Tausch- zur Geldwirtschaft. Starke Worte? Sehen Sie selbst …

Erst 1995 ging Amazon ans Netz, zur gleichen Zeit startete Ebay. Beide führen heute weltweit in Punkto E-Commerce. Allein in Asien gibt es etwa mit Alibaba eine starke Gegenmacht. Nicht von ungefähr hat Alibaba einen glänzenden Börsengang hingelegt. Amazon gründete der Informatiker Jeff Bezos als elektronischen Buchladen. In einem Testbetrieb mit Freunden und Bekannten erreichte der Internetdienst schon im zweiten Monat nach dem Start einen monatlichen Umsatz von 20.000 Dollar. Im vergangenen Geschäftsjahr ist dieser Wert auf 1,2 Milliarden Dollar hochgeschnellt. Monat für Monat! Beeindruckend!

Bei Ebay wollte Pierre Omidyar einen Internetservice ähnlich einem Auktionshaus programmieren. Das erste Produkt, das über die Seite verkauft wurde, war ein defekter Laserpointer. Aus dem Online-Auktionshaus hat sich inzwischen ein Web-Shop entwickelt, bei dem der Verkauf von Neuware eine wesentlich größere Rolle spielt als das Bieten auf gebrauchten Ramsch. Der Preis des Erfolges: ebenso mehr als eine Milliarde Dollar Umsatz monatlich. Amazon und Ebay sind Pioniere einer Entwicklung, die aus dem Leben vieler Konsumenten nicht mehr wegzudenken ist. Statt sich am Samstag in die überfüllte Fußgängerzone zu schlagen, klicken sich viele am Computer von Produkt zu Produkt. Laut Erhebung des Bundesverbandes des Deutschen Versandhandels haben allein die deutschen Internethändler 2014 einen Umsatz von fast 40 Milliarden Euro gemacht. Mit einem Anteil von fast 60 Prozent am Geschäft der Versandhändler stellen die Frauen das starke Geschlecht. Wenn es um reine Internethändler geht, greifen in erster Linie noch die Männer zur Maus.

Diese „pure Player“, Unternehmen, die ihre Waren nur über das Netz vertreiben, gelten als klare Sieger 2014. Sie konnten ihren Umsatz um fast 40 Prozent steigern. Da hilft es wenig, wenn stationäre Händler mit Internet-Ablegern bereits den zweiten Platz einnehmen. Sie kommen „nur“ auf ein Umsatzplus in dem Jahr von 22 Prozent.

Der Onlineboom beschleunigt den Strukturwandel im Handel und in den Innenstädten. Der langfristige Trend ist offensichtlich: Unsere Innenstädte sterben – gähnend leere Schaufenster in den Innenstädten. Wo Fachgeschäfte waren, werben heute Billigbillig-Läden schrill mit 5-Euro-Hosen. Als Beispiel hierfür sei eine kleine Stadt im Hunsrück genannt. Über Ostern hängten alle Einzelhändler die Schaufenster zu und bedruckten diese mit der Aufschrift: „So sieht Ihre Innenstadt in der Zukunft aus!“ Die Passanten belustigten sich zunächst über die Aktion. Dabei ist sie nichts anderes als ein Blick in die Zukunft. Für Warenhändler wie Karstadt gibt es keinen Platz mehr, jedenfalls nicht in der alten Struktur, ganz zu schweigen von den vielen kleinen Händlern, die sich die Mieten in den Fußgängerzonen seit Jahren nicht mehr leisten können. Es herrscht schon jetzt ein Einerlei globaler Marken, viele davon sind ausländischen Ursprungs.

Künftig werden die Flaniermeilen noch mehr veröden. Einen ersten Eindruck davon können wir uns in den Mittelzentren machen, in den kleineren Städten, in denen viele Flächen bereits leer stehen.

Dramatischerweise beobachten wir einen sich selbst verstärkenden Kreislauf. Umso weniger attraktiv die Innenstädte, umso mehr shoppen wir im Netz – umso mehr leiden die wenigen, noch vorhandenen Händler mit echten Geschäften. Und es wird für den Einzelhandel noch schwieriger. Oft gehen Kaufinteressenten zum Händler und lassen sich beraten, um anschließend online bei Amazon oder dem Hersteller zu kaufen.

Können wir das nicht stoppen, sollten wir uns nicht völlig anders verhalten?

Ein Blick auf das Finanzwesen

Auf den ersten Blick sieht es bei den Banken im Moment weniger dramatisch aus. Wir erleben noch kein Bankensterben – zumindest keines, was seine Ursache im E-Banking hätte. Viele Kreditinstitute residieren weiter in bester Innenstadtlage, auch wenn sich einige bereits von ihrem Tafelsilber – in erster Linie 1a-Immobilien – haben trennen müssen, ohne dass viele von uns das bemerkt hätten.

Die Wurzeln der Finanzindustrie reichen zurück in die Zeit vor Christus. In Mesopotamien soll es damals bereits ein Finanzsystem gegeben haben, das dem unseren ähnelte. Im Mittelalter erreichen die ersten solcher Kreditinstitute den Alten Kontinent, die Medici – der Klang des Namens fasziniert noch heute. Der italienischen Familie gelang es zu dieser Zeit, eines der größten Bankhäuser des Kontinents aufzubauen mit Filialen in allen wichtigen Ländern.

Die Gründung deutscher Banken, wie wir sie heute noch kennen, geht auf das Ende des 19. Jahrhunderts zurück.

Auch wenn von einem Bankensterben durch die Internetkonzerne kaum die Rede ist: Faktisch ist die Zahl der Institute in den vergangenen Jahren gesunken – und zwar deutlich. Laut Zahlen der Deutschen Bundesbank gab es im Jahr 2001 noch 2697 Banken in Deutschland. Neun Jahre später waren es noch 2093. Mehr als jede fünfte Bank hat ihre Tore geschlossen. Ebenso rückläufig ist die Zahl der Bankfilialen: Von 2001 bis 2010 fiel ihre Zahl laut Bundesbank-Statistik sogar um fast 30 Prozent. Und sie wird weiter sinken.

Noch fühlen sich die Banken sicher. Sie vertrauen dem uralten Geschäftsmodell und ihrer gediegenen Erfahrung. Aber vor allem der Niedrigzins zwingt sie zu neuen Erlösquellen und Services, die sie gegen Geld anbieten können. Sie orientieren sich gerade um. Allerdings geschieht dies in einigen Fällen sehr schwerfällig und auf dem Stand schon wieder veralteter Technik. Die Kraken bewegen sich dagegen anders: Sie setzen Services auf und entwickeln die dazu passende Technik.

Das geschieht alles zunächst in Partnerschaft mit etablierten Banken, die allerdings angesichts des Börsenwerts der Web-Kraken wie Juniorpartner eines Deals wirken. Und wenn das Volumen den Web-Kraken genügt, so zücken sie die eigene Bankenlizenz. Der erste Vorreiter sitzt in China: Alibaba, der weltgrößte E-Commerce-Konzern, bietet über eine eigene Internetbank ab Juni 2015 seinen chinesischen Kunden Finanzdienstleistungen wie Girokonten und Kredite an.

Da die Bilanzsumme der Banken im von der Bundesbank beobachteten Zeitraum um 30 Prozent auf mehr als acht Milliarden Euro zugenommen hat, liegt der Schluss nahe, dass es zwar weniger Bankinstitute gibt, vor allem aber durch Zusammenschlüsse in der Branche, weniger durch Aufgabe des Geschäfts. In erster Linie liegt das an den Eigenkapitalvorschriften für die Finanzinstitute, die vor allem nach Finanz- und Euro-Krise von den EU-Beamten in Brüssel deutlich verschärft worden sind.

Der Rückgang der Filialen ist allerdings zumindest bereits zum Teil auf das Netz zurückzuführen. So hat sich die Zahl der Online-Konten von 2001 bis 2009 mehr als verdoppelt. Wer seine Bankgeschäfte bequem am Computer erledigt, muss nur noch zum Geldautomaten, nicht mehr zur Filiale. Die Filiale besuchen vor allem ältere Menschen, auch weil sie den Sozialkontakt suchen.

Und ob der Kunde sein Konto bei der Deutschen Bank führt oder Apple? Das interessiert viele der jüngeren Kunden letztlich nicht mehr.

Nur wenige in der Branche sehen die Gefahr. Jürgen Fitschen gehört dazu, Co-Chef der Deutschen Bank, des größten Instituts in hiesigen Gefilden.

In einem Interview mit der Börsen-Zeitung erklärte er, der Blick auf die Kosten im eigenen Institut sei „umso dringlicher, als wir in Zukunft vermutlich nicht so sehr gegen andere Banken und Sparkassen konkurrieren werden, sondern zunehmend gegen die Microsofts und Googles dieser Welt“.

Warum? Ganz einfach. „Diese Unternehmen wissen aufgrund ihrer riesigen Datenbasis viel mehr über die Bedürfnisse ihrer Kunden, als Banken es jemals erfahren werden, und können dadurch Dienstleistungen sehr gezielt anbieten“, lieferte der Chef-Banker die Erklärung gleich mit.

Fraglich ist nach diesen Erkenntnissen, was uns als Gesellschaft davon abhält, der Digitalisierung und den Veränderungen, die sie mit sich bringt, mit geöffneten Augen und Reflexionsvermögen gegenüberzutreten? Es sind fünf Todsünden im Umgang mit der Digitalisierung, die einen vorausschauenden und realistischen Blick auf die Veränderungen der Digitalisierung verhindern und uns zu passiven Konsumenten derselben werden lassen und nicht zu aktiven Gestaltern.

Die Todsünden – eine Einführung

Wir machen es den Web-Kraken sehr einfach - warum? Dabei sind die fünf Todsünden im Umgang mit der Digitalisierung nur allzu menschlich. Fünf Wege, auf denen wir im täglichen Leben den Kraken den Weg frei räumen.

Fünf „Todsünden“ die unseren Umgang mit der Digitalisierung beschreiben:

- **unsere Naivität**
- **unsere Bestechlichkeit**
- **die Selbstsüchtigkeit von Unternehmern und Politkern**
- **unsere Maßlosigkeit und**
- **schließlich unsere Engstirnigkeit.**

Das „wir“ gebrauche ich in diesem Fall wieder in einem umfassenden Sinne: Wir als Konsumenten, damit als Teil der Gesellschaft. Wir als Lenker von Unternehmen, die der Attacke ausgesetzt sind, das gilt auch für mich als Geschäftsführer eines kleinen mittelständischen Unternehmens. Das „wir“ schließt auch unsere Volksvertreter ein. Und: Natürlich übertreibe ich, wenn ich von „Todsünden“ schreibe.

Aber wirklich so sehr? Schließlich wird es letzten Endes um nicht weniger als um unsere Arbeit und um unsere Existenz gehen.

Zudem lassen sich alle Phänomene, die in diesem Buch erwähnt werden, die wir im täglichen Leben beobachten können, und die ich für die Entwicklung verantwortlich mache, auf die fünf Problemfelder zurückführen. Dennoch geht es für uns als Konsumenten oder auch Unternehmenslenker nicht darum, sich der Digitalisierung entgegenzustellen. Entscheidend wird es jedoch sein, dass wir unseren Umgang mit der Digitalisierung selbst bestimmen und dass nicht die Treiber der Digitalisierung bestimmen, wie wir uns zu verhalten haben. Deshalb müssen wir über die digitale Attacke sprechen, die alles verändert, ohne dass wir Einfluss nehmen. Derzeit verhalten wir uns eher passiv. Wir akzeptieren Entwicklungen, Veränderungen und Eingriffe bis in unser privates Leben weitestgehend, welche Konsequenzen uns erwarten, können wir nur erahnen. Dieses Buch sieht die Digitalisierung als Treiber wirtschaftlicher und gesellschaftlicher Prozesse, die zu unserer Gesellschaft und all unseren Bereichen gehört und zukünftig eine noch größere Bedeutung einnehmen wird. Es ist ein Buch, das jeden auffordert, sich aktiv mit der Digitalisierung zu befassen und darüber nachzudenken, was wir wann und wie wollen.

Wir bereiten den Weg

Was nun tun wir denn so Schlimmes, werden Sie nach dem Gelesenen vielleicht fragen. Letzten Endes verhalten wir uns alle wie Menschen sich eben verhalten: Wir sind beeinflussbar durch die Gedanken Dritter. Wir hören zu und wägen ab, lassen uns Rat geben. Aber manchmal tun wir dies gerade nicht: auf andere hören, wenn doch dies der richtige Weg wäre. Wir folgen dem Weg des geringsten Widerstands, wir denken an uns, wir wollen manches Mal mehr, als uns guttut. Vor allem wollen wir es dann sofort. Oft fehlt uns auch der Weitblick. Genau dieser ist jedoch im Umgang mit der Digitalisierung entscheidend.

Wir brauchen ein Bewusstsein, was da auf uns zukommt. Dann allein wird sich in unserem Verhalten schon einiges ändern. Erst wenn wir direkt mit einigen Auswirkungen konfrontiert werden, stellt sich ein Unwohlsein ein. Als Microsoft im Herbst 2013 die neue Konsole Xbox One für Spiele am Fernsehen vorgestellt hat, waren nicht die neusten Blockbuster oder die ungeheuren Unterhaltungsmöglichkeiten der Daddelkiste Thema. Die Leute haben sich dafür interessiert, wieso dieses Teufelsgerät einmal an den Fernseher angeschlossen, ständig einen Blick auf das heimische Sofa wirft. Dort erkennt die Xbox die unterschiedlichen Familienmitglieder, bis zu sechs Stück – also genau die im Szenario kurz beschriebene Familie Müller.

Die Xbox erkennt die Familienmitglieder, ordnet ihnen einmal gelernte Namen zu – und weiß jederzeit, was jeder tut: ob er schläft, lacht, traurig ist. Ein ungeheuerlicher Eingriff in die Privatsphäre. Nicht umsonst sind solche Funktionen zunächst nur in den Vereinigten Staaten gestattet.

Denn noch haben wir ein ausgeprägteres Bewusstsein für die Privatsphäre und den Datenschutz als unsere amerikanischen Freunde. Dank Facebook, Google und nun auch Microsoft allerdings verwischen diese Grenzen mehr und mehr.

Dagegen müssen wir angehen.

Wenn wir solche Zusammenhänge erkennen, dann ist das meiner Ansicht nach ein erster wichtiger Schritt. Werfen Sie mit mir einen Blick auf das, was ich als die fünf Todsünden brandmarke. Wenn wir hier ansetzen, einen Ordnungsrahmen der Politik schaffen und selbst wachsam bleiben, dann haben wir schon einiges an Terrain gewonnen.

Unsere erste Sünde: Naivität

Unsere erste Todsünde im Umgang mit der Digitalisierung ist unsere Naivität. Ohne kritisch zu reflektieren, feiern wir die meisten Veränderungen ausschließlich als Chance und vergessen Herausforderungen, die sie ebenfalls mit sich bringen können. Dabei vergessen wir nicht selten zu fragen, was wir dafür tun müssen, dass wir von einer Veränderung profitieren können. Wie wichtig diese Überlegungen wären, zeigt jedoch ein Beispiel.

Sollten die Web-Kraken in Kürze in das Bankgeschäft einsteigen, sie hätten ein leichtes Spiel. Das zeigt eine Studie am Beispiel Apple. Der Konzern war lange Zeit reiner Lieferant von Computern. Steve Jobs, der 2013 gestorbene Mitgründer des Unternehmens, langjähriger Chef und Visionär der Informationstechnik, hat den kalifornischen Konzern umgebaut – selbstverständlich in Richtung eines Kraken.

Er hat richtig und vor vielen anderen erkannt, dass Daten und Software zur Währung für Unternehmen geworden sind – und dass die Gewinnspannen in diesem Feld astronomisch sind. Er hat deshalb nicht nur den Musikspieler iPod auf den Markt gebracht, zusammen mit dem kleinen digitalen MP3-Gerät hat er ein ganzes Ökosystem aufgebaut. Jeder, der Lust auf die moderne Variante eines Walkman hatte, musste sich und seine Daten, samt sensiblen Informationen wie der Kreditkartennummer, in die Hand von Apple begeben. Im Gegenzug bekam der Kunde dann nicht nur das Gerät, sondern auch einen einfach zugänglichen, virtuellen Musikladen, iTunes genannt. Darüber lassen sich inzwischen nicht mehr nur Musiktitel kaufen, sondern Filme, Fernsehserien, Zeitungen, Bücher oder kleine Programme für die Apple-Geräte. Ein Milliardengeschäft – aus dem es für die Klientel aber kein Entrinnen gibt.

Experten sprechen von einem goldenen Käfig: Die Kunden fühlen sich wohl bei Apple, bekommen schicke Geräte, die zu ihrem Lebensstil gehören, diesen sogar prägen. Alles funktioniert einfach, reibungslos. An den Gitterstäben allerdings gibt es nichts zu rütteln.

Längst gibt es nicht mehr nur Computer oder Musikspieler von Apple, sondern auch Mobiltelefone und Tabletcomputer mit berührungsempfindlichem Bildschirm. Wer sich einmal eines dieser Geräte zugelegt hat, wird mit hoher Wahrscheinlichkeit auch zu einem anderen Produkt der Marke mit dem angebissenen Apfel greifen. Die Kenner sprechen da von einem Halo-Effekt: Die positiven Erfahrungen mit einem Gerät strahlen aus und ermuntern die Kunden, alles aus der Hand von Apple zu kaufen. Alles so schön einfach.

Auf diese Weise laufen sie genau in jene Falle, die Jobs und seine Manager ausgelegt haben. Ein Handy mit dem Microsoft-System? Ein Tablet von Google? Ein Musikspieler von Sony? Alles zusammen geht nicht oder zumindest mit einem derart immensen technischen Aufwand, dass der Otto-Normal-Nutzer schon von vornherein lieber von solchen Gedanken Abstand nimmt.

Mehr als hundert Milliarden Dollar hat Apple auf der hohen Kante. Immer wieder taucht die Frage auf, für welche Zwecke das Unternehmen diese immense Summe einsetzen will. Zwar werden die Aktionäre nun seit geraumer Zeit am Unternehmenserfolg beteiligt, doch noch immer ist der Konzern eine Gelddruckmaschine. Wieso also nicht die Mittel nutzen, um gleich eine Bank zu eröffnen?

KAE, eine kleine südamerikanische Unternehmensberatung, hat in den Vereinigten Staaten und Großbritannien insgesamt 5.000 potenzielle Kunden gefragt, was sie von einer Apple-Bank halten würden. Das Ergebnis: Zehn Prozent der Befragten würden aus dem Stand heraus Apple ihr Geld anvertrauen. Ohne weiter nachzudenken, so groß ist ihr Vertrauen in das Unternehmen.

Die Marktforscher haben gezielt auch jene Leute befragt, die bereits ein iGerät ihr eigen nennen, sei es nun iPad, iPod, iPhone oder einen der Computer des Konzerns. Die Zustimmung in dieser Gruppe der Apple-Kunden war schlicht überwältigend.

43 Prozent der Apple-Nutzer würden am liebsten nicht nur ihre Daten und sensiblen Informationen in der Hand des Technikkonzerns wissen. Sie möchten dem Unternehmen auch noch ihr Geld anvertrauen.

Ist das nicht erstaunlich?

Völlig abstrus wird es in meinen Augen, wenn wir noch tiefer in die Studienergebnisse eintauchen. Zwei Drittel der Teilnehmer gaben, befragt nach ihrer Begeisterung für Apple, an, sie vertrauten eben dem Unternehmen. Einem Konzern mit Sitz in den USA, der ebenso wie Amazon Mitarbeiter zu Billiglöhnen beschäftigt. Von den Angestellten in den Flagship-Stores etwa ist bekannt, dass sie neben der schlechten Entlohnung über Lärm und Dauerstress klagen.

Diesem Unternehmen schenkt das Gros, insbesondere junger Menschen, also mehr Vertrauen als der Bankfiliale um die Ecke. In der jene Menschen arbeiten, denen wir abends beim Stammtisch begegnen. Aber welche Rolle spielt das schon gegen die Erfolgsgeschichte des Web-Giganten? Kaufen wir nicht Emotionen und wollen Teil des Ganzen sein? Wunderbar – hoffnungslos.

Fast die Hälfte der Studienteilnehmer gibt zudem an, für Apple spreche die Einfachheit, mit der das Unternehmen Probleme löse. Ein Zugang zu einem Konto bei einer iBank sei also wahrscheinlich wohl einfacher zu nutzen als das herkömmliche Bankkonto. Das wirft zum einen ein schlechtes Licht auf die uralten Geschäftspraktiken traditioneller Kreditinstitute. Zum anderen verkennen die möglichen iBank-Kontoinhaber, dass nicht nur sie leichteren Zugang zu ihrem Geld haben, sondern auch Apple.

Ich gehe nicht davon aus, dass Apple die Konten der Klientel plündern wird. Apple ist nicht kriminell. Apple ist klug und gerissen, wenn Sie so wollen. Denn die Daten, wer wie viel Geld besitzt, von wem es kommt, wohin es geht, das ist doch einiges mehr wert als der pure Betrag, der auf dem Konto liegt.

Wir erinnern uns an Deutsche-Bank-Chef Fitschen: Gewinnen wird auch im Bankgeschäft künftig der, der die meisten Informationen über die Klientel besitzt, und zwar möglichst in jeder Lebenslage. Wer gerade eine App, ein kleines Programm, auf sein Handy lädt, um einen Immobilienkredit zu berechnen – dem kann man in einem nächsten Schritt das Angebot für den Kredit auch gleich schicken.

Umgerechnet auf die Bevölkerung würde eine iBank von Apple laut KAE auf einen Schlag über ein Potenzial von 37 Millionen Kunden verfügen. Und das nur in zwei Ländern, in den USA und in Großbritannien. Zum Vergleich: Die Bank of America zählte im Jahr 2010 gerade 57 Millionen Kundenkontakte – aufgebaut seit dem Jahr 1784.

Die Ergebnisse sprechen für sich. Wir sind naiv, wenn wir nicht davon ausgehen, dass unsere Daten, die wir Unternehmen freiwillig überlassen, systematisch genutzt werden. Oder vielleicht ist es auch den Digital Natives bekannt und sie nehme es in Kauf, weil sie sich dadurch perfekte Dienste erhoffen? Dem Begriff des Vertrauens scheint jedenfalls eine erstaunliche Entwicklung bevorzustehen.

Amazon, Google & Co. denken in viel längeren Zeiträumen.

Schon bei Gründung Ende der 90er Jahre haben sich Larry Page und Sergej Brin vorgenommen, alle Informationen dieser Welt zu digitalisieren und für Google aufzubereiten. An diese Mission halten sie sich noch heute. Wer im Weg steht, wird weggeräumt, sei es durch geschicktes Lobbying, viel Geld oder eben Aussitzen. Das Ende der aktuellen Wahlperiode kommt bestimmt – und mit ihm ein Politiker, der sich höchstwahrscheinlich den Ideen von Google gegenüber aufgeschlossener zeigt. Die Web-Giganten tasten sich immer wieder an Grenzen und verschieben diese nach und nach.

Die Zermürbungstaktik der Unternehmen, unsere Privatsphäre Stück für Stück aufzuweichen, zahlt sich aus.

Allerdings kann ich nicht allein die Politiker für die Todsünde der Naivität schelten. Zum einen ist ihr Verhalten mehr als menschlich: Wir halten am einmal eingeschlagenen Weg fest, auch wenn er sichtbar in unser Verderben führt; zum anderen sind wir – als Gesellschaft – keinen Deut besser.

So war ich sehr erstaunt angesichts einer Umfrage des deutschen Hightech-Lobby-Verbandes Bitkom. Fast jeder hat schon einmal von Google Glasses gehört, einer Hightech-Brille der Suchmaschine. Viele Politiker haben sich im Sillicon Valley stolz mit dieser „Brille“ ablichten lassen. Im Prinzip handelt es sich um einen kleinen tragbaren Computer, in den Rahmen einer Brille integriert. Kombiniert mit einer Digitalkamera und der Möglichkeit, Informationen auf das Brillenglas zu projizieren, geht es um nicht weniger als die Digitalisierung des Sichtfeldes – oder anders gesagt: um die Möglichkeit, Google das Sehen beizubringen. Alles, was der Google-Glass-Nutzer anschaut, sieht auch Google; alle Informationen werden auf den Netzrechnern der Suchmaschine verarbeitet.

Ich kann mir nicht vorstellen, dass geistig klar denkende Menschen so etwas nutzen. Es bedeutet die völlige, kampflose Aufgabe der Privatsphäre. Mehr: Jeder Google-Glasses-Träger präsentiert seine Intimsphäre auf dem Silbertablet.

Und wofür? Um die angesagteste Technik zu nutzen, das allein reicht vielen ja schon als Motivation. Dass irgendwelche Informationen, die mir Google ungefragt auf das Brillenglas schickt, auch nur kurzfristig von einem größeren Mehrwert sein könnten, halte ich für ausgeschlossen. Zwar ist der Verkauf der Brille gestoppt – aber doch wohl nur, um sie zu verbessern und mit größerer Qualität erneut auf den Markt zu bringen.

Aber offenbar bin ich nicht nur ein Digital Immigrant, sondern ein Dinosaurier des digitalen Zeitalters, Angehöriger einer aussterbenden Art von Zeitgenossen, die über das reine Gadget hinausdenken. Anders kann ich mir das Ergebnis einer Beobachtung im Frühjahr 2013 des besagten Hightech-Lobby-Verbandes nicht erklären.

In einer repräsentativen Umfrage hat der Bitkom herausgefunden, dass fast 14 Millionen Deutsche sich vorstellen könnten, eine Datenbrille wie Google Glass zu nutzen. Das entspricht beinahe jedem fünften Deutschen. Und damit nicht genug: Augmented Reality und Virtual Reality (siehe Brille von Oculus Rift u.a.) könnten die neuen Trends der nächsten beiden Jahre sein. Warum soll nicht auch die Wirklichkeit durch die Virtualität noch mehr in der Wahrnehmung angereichert werden? Es gibt aber auch andere Einschätzungen. Immerhin: 35 Prozent der Befragten sind skeptisch, weitere 37 Prozent – zu denen auch ich mich zählen würde – geben an, um die neuen Geräte einen großen Bogen zu machen. Es gibt sie also noch, die Denker, die sich der Konsequenzen ihres Handels bewusst sind, ein Glück. Aber welche Naivität treibt die anderen? Ich kann es nicht verstehen. Der Verlust der Privatsphäre liegt auf der Hand. Die Vorteile auf der anderen Seite sind begrenzt. Und trotzdem gieren so viele Technikjünger nach den neuesten Gadgets, koste es, was es wolle – und sei es die eigene Intimität.

Irgendwann kommt auch die Barbie, die mit dem Kind spricht, es ausfragt und alle Informationen überträgt. Und übrigens: Welche Daten senden die Rauchmelder und Thermostate an die Cloud, die doch angeblich nur die Sicherheit und unseren Geldbeutel im Sinn haben? Die Technikkonzerne wissen natürlich um diese Technikgläubigkeit. Apple schafft es auf diese Weise Jahr für Jahr, neue Geräte vorzustellen, die beinahe wie ein Ei dem anderen gleichen, und trotzdem bei Millionen Konsumenten immer wieder aufs Neue einen Kaufreflex auslösen.

In unserer technikgläubigen Gesellschaft ist das Neue inzwischen schon ein Wert – egal, ob es einen Nutzen bringt, egal sogar, wenn es nachweislich zu unserem Schaden ist. Wer sich dem Neuen versagt, gar kritisch hinterfragt, der hält den Fortschritt der Gesellschaft auf, der gilt nichts mehr.

In allen Zeiten hat es Kritiker der Moderne gegeben, jene, die an der Kutsche festgehalten haben, bis sie im Straßenverkehr alleine unter Kraftfahrzeugen waren. Darum geht es mir nicht. Ich will nicht am Vergangenen festhalten; im Gegenteil. Stets habe ich auch neue Technik sehr früh genutzt. Der Nutzen muss allerdings im Vordergrund stehen. So nutze ich ein Smartphone, weil es mir das Koordinieren meiner Termine vereinfacht und die Kommunikation mit Geschäftspartnern.

Allerdings habe ich mit dem Kauf des modernen Telefons nicht auch mein Hirn an der Kasse abgegeben.

Ausdrücklich plädiere ich für den Gebrauch moderner Werkzeuge. Aber bitte mit Verstand. Jeder Nutzer sollte sich hinterfragen, was er preisgibt und was er dafür erhält und ob der Vergleich von geben und nehmen für ihn langfristig positiv ist. Ich gehe noch weiter: Wir machen es den Weg-Giganten meiner Überzeugung vielfach so einfach, Teile unseres Lebens zu übernehmen, indem wir zu lange an den Methoden der Vergangenheit festhalten.

Werfen wir einen weiteren Blick auf die Finanzbranche: In Europa florierte das Finanzwesen im Mittelalter. Es nahm seinen Ursprung im 13. Jahrhundert in Florenz. Die Medici bauten später ihre Bank mit Filialen in allen europäischen Städten auf. Es ging um die Gewährung von Krediten und die Anlage von überschüssigen Geldern, zumeist von Händlern.

Und was tun die Banken heute? Im Grundsatz fußt unser Bankensystem auf dem, was die Medici vor nunmehr fast sieben Jahrhunderten auf die Beine gestellt haben.

Gut, wir haben inzwischen ein System von privaten und öffentlichrechtlichen Instituten – der Staat hat sich also einen Teil des Bankgeschäftes zu Eigen gemacht. Genau aus diesem Grund wird sich dieses System schon bald überlebt haben. Das öffentlichrechtliche Finanzwesen hat aufgrund der klammen Kassen keine Zukunft.

Aber das Scheitern von Landesbanken und Sparkassen möchte ich nun wirklich nicht als Innovation bewerten. Zumal der Zusammenbruch des Systems und die damit verbundene Konsolidierung ein weiteres Einfallstor für die Web-Giganten schaffen könnte. Marode Banken werden zum Übernahmeopfer für die Internetkonzerne, die sich auf diese Weise das nötige Wissen für das Geschäft besorgen.

Banker erledigen ihre Aufgaben heute nicht mehr mit dem Rechenschieber (das waren übrigens die mechanischen Hilfen vor der Einführung der Computer, mit denen komplizierte Rechenvorgänge einfacher erledigt werden konnten). Kollege Computer hat überall im System Einzug gehalten. Das führt zu geradezu perversen Auswüchsen, wenn inzwischen im Computerhandel die Algorithmen Kauf- und Verkaufsentscheidungen in Sekundenbruchteilen fällen – ohne Zutun des Menschen.

Und auch hier wurden die Konsequenzen nicht bedacht. Wer führt weltweit bei der Entwicklung von Algorithmen zur Verarbeitung großer Datenmengen? Es sind wieder Unternehmen wie Google oder Amazon, die dadurch wahrscheinlich mittelfristig in alle Bereiche der Wirtschaft und des Finanzwesens-vordringen werden.

Wie naiv war es zu glauben, die Finanzbranche könne über Jahrhunderte hinweg ohne grundlegende Veränderungen bestehen? Nicht viel anders sieht es in weiten Teilen der Industrie aus. Auch hier hat man den Computer genutzt, um Prozesse zu industrialisieren und zu beschleunigen. Grundlegende Innovationen in der Wertschöpfungskette sind rar.

Solange wir dem Neuen naiv die Türe öffnen, zugleich aber in angestammten Bereichen am Alten festhalten, dürfen wir uns nicht wundern, wenn andere die Regie übernehmen.

Und diese anderen werden ohne Frage einmal mehr Facebook, Google, Amazon & Co. heißen.

Unsere zweite Sünde: Bestechlichkeit

Zu unserer Naivität zu stehen, fällt uns noch verhältnismäßig leicht. Aber Bestechung? Hier stoßen Selbsterkenntnis oder Selbstzweifel wirklich schnell an Grenzen.

Betrachten wir doch die Lobby-Bemühungen und die Lobby-Erfolge der Web-Giganten. Wo arbeiten Politiker noch für das Wohl ihres Landes – wo stehen sie schon im Dienste der fremden Macht? Wo können Forscher wirklich noch frei und unabhängig arbeiten?

Nur ein Beispiel: Im irischen Knocknaheeny betreibt Apple mehrere Tochterfirmen. Dort erwirtschaftet der Hightech-Konzern zwei Drittel des Umsatzes – auf dem Papier.

Durch geschickte Verhandlungen mit irischen Staatsvertretern ist es dem Unternehmen gelungen, für sich einen höchst vorteilhaften Steuersatz vor Ort auszuhandeln. Von einem Prozent. Ja, Sie haben richtig gelesen, ein Hundertstel der Einnahmen versteuert Apple offiziell in dem kleinen Ort Knocnaheeny. Davon kann ich nur träumen. Und Sie?

Dabei macht sich der US-Konzern mehrere – legale – Steuertricks zunutze und verschiebt die Gelder zwischen europäischen Niederlassungen, Standorten und Filialen so oft hin und her, bis sie dort landen, wo am meisten hängen bleibt. Für das Unternehmen natürlich, nicht für den Staat.

Die Apple-Manager tricksen dabei nicht nur, wo es geht, sie setzen auch auf die Not von Knocknaheeny. Der Nachbarort von Cork hat eine schwere Wirtschaftskrise hinter sich, nachdem in den 80er Jahren eine Reihe örtlicher Betriebe schließen musste. Das hat Apple eine gute Verhandlungsposition eingebracht – dem Ort aber nicht viel geholfen.

Nachdem die Steuerpraktiken von Apple zum großen Thema in den Medien wurden, schickte der britische „Guardian“ einen Reporter, um sich ein Bild von der Lage zu machen. Ja, früher gehörte so etwas zum Berufsbild des Journalisten – früher, bevor Google das Werkzeug Nummer 1 der Reporter weltweit wurde.

Vor Ort hat der Guardian-Journalist dann allerdings keine blühenden Landschaften gefunden. Apple nutzt die Steueroase, hinterlässt selbst aber Wüste.

Im vergangenen Jahr war jeder Zweite in Knocknaheeny arbeitslos. „Apple tut nichts für uns“, klagt so denn auch eine Anwohnerin. 4000 Angestellte arbeiten für den Konzern in der Region, viele von ihnen Expats – die Einheimischen werden mit Löhnen abgespeist, die weit unter dem Durchschnittslohn liegen, die der Konzern sonst zahlt. „Also ja, ich glaube, man sollte Steuern zahlen“, wird einer der niederen Apple-Angestellten in dem Bericht zitiert. Ein Wunder, dass dies gelungen ist, haben die Mitarbeiter doch einen Maulkorb gegenüber der Presse bekommen.

Ja, auch ich glaube, ein Unternehmen mit einem Jahresumsatz von mehr als 150 Milliarden Dollar im Geschäftsjahr 2012 sollte Steuern zahlen. Zumal, wenn mehr als jeder vierte Dollar als Gewinn in der Kasse des Unternehmens bleibt.

Wer zahlt die Schulen für die Kinder der Apple-Expats in der Region um Cork? Wer kommt für ihre Sicherheit auf? Auf wessen Straßen fahren sie morgens zur Arbeit? Der irische Staat muss dafür aufkommen. Und der deutsche, der schweizer, der französische, jeder europäische Staat stellt Infrastruktur für die örtlichen Niederlassungen von Apple bereit. Dafür können aber offenbar andere aufkommen, denn Apple entzieht sich einem Solidarbeitrag für die Gesellschaft.

Die Beweggründe des Unternehmens sind verständlich. Der Hightech-Konzern unterliegt als börsennotierte Gesellschaft der Pflicht, seinen Investoren Rechenschaft abzulegen, nicht dem Steuerzahler – und die sehen Anleger am liebsten in klingender Münze. In diesem Sinne handeln die Manager, wenn sie Steuerkniffe anwenden, die entstehen, wenn sie die Schwäche von Politikern weltweit gegeneinander ausspielen. Allerdings auch nur in diesem Sinne – jedwede weitergehende Verantwortung eines Unternehmens schließen die Führungskräfte von Apple mit ihrem Verhalten offenbar aus.

Im Jahr 2013 haben die Medien die Praktiken von Apple in den Fokus gerückt. Die Empörung war groß. Und natürlich reagierten die Manager aus dem kalifornischen Cupertino.

Nein, wo denken Sie hin, natürlich erhöht das Unternehmen nicht von sich seine Zahlungen an den Fiskus – Apple stockt sein Budget für Lobby-Arbeit kräftig auf. Es ist eben einfacher, Geld für in der Gesellschaft beachtete Projekte auszugeben, wenn man kaum oder gar keine Steuern zahlen muss. Dabei sind die Summen sehr bescheiden, werden aber als große Errungenschaft gefeiert.

„Mittels Lobbyismus versuchen Interessengruppen, durch die Pflege persönlicher Verbindungen die Exekutive und die Legislative zu beeinflussen."

So lautet die Definition in der Online-Enzyklopädie Wikipedia. Für 2013 plante das Unternehmen mit einem Lobbying-Budget von vier Millionen Dollar – eine „glatte Verdoppelung". Ein Großteil des Geldes soll in Bemühungen gehen, die Steuererleichterungen zu verteidigen, so ist zu hören.

Im Branchenvergleich gibt Apple damit immer noch vergleichsweise wenig Geld für die Einflussnahme auf Politiker aus. Google investiert 18 Millionen Dollar in die guten Beziehungen zu Entscheidungsträgern, Microsoft acht.

Nun muss ich vorsichtig sein: Auch hier darf ich niemandem Bestechlichkeit vorwerfen. Worum geht es auch schon?

Hier mal ein feines Essen unter Freunden aus Wirtschaft und Politik, dort ein Empfang, hier eine Informationsveranstaltung mit anschließender Wein-Degustation. Der Einfallsreichtum kennt kaum Grenzen. Und Lobbying ist auch etwas anderes als Bestechung. Deshalb muss erneut die Frage gestellt werden: Wo sind die Grenzen zu ziehen?

Nicht dass Interessenvertretung betrieben wird, ist vorzuwerfen– dies gehört wahrscheinlich sogar zum demokratischen System. Die Investitionen der klassischen großen Unternehmen der Old Industry dürften ein Vielfaches von dem betragen, was die Web-Giganten in Deutschland ausgeben. Die Frage ist aber zu stellen, welchen Interessen das Lobbying folgt. Spätestens dann, wenn Interessen vertreten werden, die dem Gemeinwohl schaden und die Grundsätze der Demokratie gefährden, sollten Politiker sich an das erinnern, was sie sind: Volksvertreter. Das fehlende Erinnerungsvermögen in diesem Punkt derer, die nicht naiv sind und alles durchschauen, führt uns nahtlos zur nächsten Sünde…

Unsere dritte Sünde: Engstirnigkeit

Engstirnigkeit bezeichnet im Wortsinne eine gewisse Enge am Kopf. Ohne Ihnen persönlich zu nahe treten zu wollen: Aber genau das beschreibt doch unser aller Verhalten als Konsument. Wenn wir bei einer Bank einen Prozentpunkt sparen können, schlagen wir zu; wenn das T-Shirt günstiger ist, und sei es nur wenige Euro, die Masse an Käufern wird es dem teureren vorziehen – auch wenn das schlechte Gewissen mahnt. Wir wissen, der Preisvorteil ist erkauft durch Kinderarbeit in Asien oder mit Produktionsbedingungen, denen fast im monatlichen Rhythmus hunderte, teils gar tausende Arbeiter und Arbeiterinnen zum Opfer fallen, weil die Sicherheitsstandards ungenügend sind.

Von Jugend an regiert die „Geiz-ist-geil-Mentalität“ unser Kaufverhalten – und die Web-Giganten nutzen das.

Dropbox bietet Speicherplatz im Internet. Der Einstieg ist umsonst: Mehrere Gigabyte erhalten Neukunden – ein Vielfaches davon als Belohnung, wenn sie Bekannte als Kunden anwerben. Auf Facebook waren alle unsere Freunde, weil sich dort auf einfache Weise in Kontakt bleiben ließ. Wir meldeten uns an und holten natürlich unsere Freunde nach. Außer Google kommt bei der Suche nichts infrage. Schließlich suchen alle dort, es finden sich die besten Ergebnisse. Amazon hat uns mit gutem Kundenservice geködert, der nun – da das Unternehmen die Marktführerschaft innehat – nach und nach erodiert. Gute Kundenbeziehungen werden in Umsatz gewandelt, ich hatte das bereits ausgeführt.

So werden wir hier mit einem Leckerli gelockt, dort laden uns Freunde ein, an einer dritten Stelle überzeugt uns das Angebot, bei dem wir uns gerne anmelden.

Es kostet ja nichts.

Vordergründig ist im Netz alles umsonst. Nur vergessen wir in unserer engstirnigen Art, dass wir mittelfristig einen hohen Preis für unsere Schnäppchengier zahlen.

Mit ihrer Form des Marketings und dank der enormen Kapitalströme haben es die Web-Giganten an die Topposition in ihrem Segment gebracht.

Groß war der Aufschrei im Jahr 2013, als bekannt wurde, dass der US-Geheimdienst NSA (National Security Agency) elektronische Daten, die bei Dropbox, Google oder Facebook lagern, abfängt und überwacht. Und zwar seit Jahren: 2007 wurde das Programm initiiert. Natürlich dementierten die US-Web-Giganten umgehend diese „Sicherheitslücke".

Aber dank der freien Presse und einem Whistleblower kamen umfangreiche Details ans Licht. So erklärte der ehemalige NSA- und CIA-Mitarbeiter Edward Snowden: „Die NSA hat eine Infrastruktur aufgebaut, die ihr erlaubt, fast alles abzufangen. Damit wird der Großteil der menschlichen Kommunikation automatisch aufgesaugt."

Snowden brachte durch seine Informationen den Skandal um das US-Abhörprogramm PRISM ins Rollen.

Was nun waren die Folgen dieser Enthüllungen? Haben die Nutzer Facebook, Google und Konsorten in Scharen verlassen? Sind deren Geschäftsmodelle ins Wanken geraten, weil ihnen niemand mehr vertraut?

Natürlich nicht. Die Engstirnigkeit scheint eine natürliche Barriere zu bilden zwischen dem Wissen und der Erkenntnis, die daraus zwangsläufig folgen müsste.

Anscheinend sind wir nicht bereit aus unserem Wissen die Erkenntnis zu ziehen: dass ein US-Anbieter nicht per se die bessere Wahl darstellt; dass unsere Daten mehr wert sind, als es ein kostenloses Angebot zu leisten vermag; dass wir heute auf Kosten von morgen leben.

Bislang geht es nur um Virtuelles. Der nächste Schritt wird die Giganten in unser reales Leben führen. An den Kunden jedenfalls liegt es nicht, dass Amazon, Google & Co. noch nicht in den stationären Handel eingestiegen sind und ihre eigenen Geschäfte eröffnet haben. Die Klientel macht sich wenig Gedanken darüber, wo sie ihre Waren kauft.

Kurzfristige Vorteile zählen mehr als Langfristdenke – ganz zu schweigen von der logischen Verknüpfung des Einkaufsverhaltens mit den Folgen auf die Volkswirtschaft und damit die Entwicklungsperspektiven für unsere Gesellschaft.

Eine Befragung der Strategieberatung OC & C hat ergeben, dass sich die Kundschaft umso weniger um den Anbieter ihrer Waren kümmert, je vergleichbarer die Produkte sind. Derselbe Zusammenhang konnte aufgezeigt werden für Produkte, bei denen der „Geschmack“ eine wichtigere Rolle spielt als die „Funktion“.

So stellt die Gruppe der Heimwerker mit einem Anteil von 74 Prozent laut OC & C die größte Gruppe unter den illoyalen Kunden. Kein Wunder, ob die Bohrmaschine nun von Obi, Bauhaus oder Toom stammt, hat bislang schon niemanden interessiert. Hauptsache, das Gerät hatte ein Gütesiegel, beispielsweise das der Marke Bosch, und der Preis lag im Rahmen. Nun kommt eben noch eine Gruppe von Anbietern dazu, die Online-Händler, und natürlich hat Amazon das Geschäft schon lange erkannt. Die Heimwerker-Sparte des Web-Warenhauses lässt jedes Bastlerherz höherschlagen.

Es folgen laut den Strategieberatern Käufer von Unterhaltungselektronik, von Bücher und CDs, Schuhen sowie Bekleidung, wo immerhin die Hälfte der Kunden kein Problem damit hat, ob sie nun bei Hinz & Kunz an der Ecke oder bei Amazon bestellt. So ist denn auch kein Wunder, dass Amazon im Bereich Bücher gestartet ist, sich aber im Sommer 2009 für 850 Millionen Dollar den Online-Schuhladen Zappos geschnappt hat. Nun wird auch klar, wieso Zalando alleine mit Schuhen einer der erfolgreichsten deutschen Internethändler geworden ist.

Am geringsten ist die Zahl der untreuen Kunden laut besagter Umfrage schließlich bei Sport- und Freizeitgeräten sowie Heimtextilien und Deko-Artikeln. Fällt ihnen in diesen Segmenten spontan ein Online-Händler ein? Sehen Sie. Noch gilt das Gegenteil: Sport Scheck hat gerade erst offline einen riesigen Store in München eröffnet. Das Credo heißt: Top Lage. Im Geschäft wird dann aber allerdings schon mit iPads gearbeitet. Noch habe ich angefügt, weil es auch schon andere Trends gibt, so bei den Bekleidungsketten und Online Deko-Herstellern wie z.B. zarahome oder H&M Home. Die großen Hersteller wie adidas bieten dem Nutzer individuelle Behandlung, wie z.B. Namensnennung auf seinen Sportschuhen und individuelle Farbauswahl zum selben Preis wie im Sportgeschäft. Wen wundert es da, dass die Sportfachgeschäfte zukünftig wahrscheinlich vermehrt den potentiellen Kunden vor Ort den Schuh anprobieren lassen. Bestellen wird er aber immer öfter online. Es gibt auch für Möbel home24 und ähnliche Shops, die an die Stelle der Möbelgiganten treten sollen und viele andere Beispiele mehr.

Selbstverständlich weiß ich, dass dieses illoyale, engstirnige Verhalten der Klientel zum größten Teil auf urmenschlichen Eigenschaften beruht. Jeder von uns sucht seinen Vorteil. Indem die Masse nun aber auf diese Weise dasselbe Ziel verfolgt, bereiten wir den Web-Giganten den Weg.

So einfach wie wir den Internetkonzernen den Einstieg in den Handel bereit haben, werden wir ihnen auch das Erobern der Finanzwelt machen. Meines Erachtens wird die Attacke dort auf die etablierten Banken zunächst über den Preis erfolgen – und mittels bestimmter Zielgruppen und mit vermeintlich besseren Diensten. Wie sieht es z.B. mit Authentifizierung per Fingerdruck oder Augenscan anstelle der Kreditkarte aus? Warum suchen wir nicht neue elektronische Wege zum Konto? Je einfacher umso besser? Und brauchen wir überhaupt noch Banken?

Seit Ausbruch der Finanzkrise klagen Mittelständler, dass Banken ihnen die für das Wachstum notwendigen Kredite verweigern. Danach erfüllen die Kreditnehmer formale Kriterien nicht. Das Befragungs- und Beratungsszenario ist absurd umständlich geworden. Die Haftungsrisiken wurden so vergrößert, dass es Banken gibt, die nicht mehr Rat zu eigenen Produkten geben.

Aufgrund der sehr hohen Formalanforderungen wird ein Kredit an Kleinunternehmer und den Mittelstand nur noch gewährt, wenn es eine völlige Übersicherung des geliehenen Geldbetrages durch andere Sicherheiten gibt. Bürokratisierung, Zahlengläubigkeit und Sicherheitsdenken führen zu einer per se ablehnenden Haltung gegenüber den Stützen der Volkswirtschaft.

Dieses Verhalten wird sich aber noch rächen. Denn so bildet der Mittelstand eine hervorragende Angriffsfläche für Web-Kraken. Hier werden ihre Kreditofferten auf offene Ohren treffen – und wenn die Kraken dann auch noch einen halben oder gar einen Prozentpunkt günstiger sind als die etablierten Finanzinstitute, werden sie sich vor neuer Klientel überhaupt nicht mehr retten können.

Anzeichen, dass die Internetkonzerne in diese Richtung drängen, gibt es zuhauf. PayPal, digitale Bezahltochter des Internetauktionshauses Ebay, verfügt in Europa bereits über eine Bankenlizenz. Google hat sein virtuelles Bezahlmodell über Jahre erprobt. Amazon hat kürzlich eine eigene, virtuelle Währung vorgestellt.

Auch zum virtuellen Golde drängt es alle.

Mit ihren prall gefüllten Kassen werden die Kraken die perfekten Kreditgeber abgeben, zum Vorteil beider Seiten. Die Kraken können höhere Renditen als auf dem Kapitalmarkt erwirtschaften, die Mittelständler profitieren von günstigeren Konditionen – und festigen so die oft ohnehin bestehenden Geschäftsbeziehungen zu den Kraken.

Jeder denkt wieder nur an sich – und am Ende ist die Gemeinschaft das betrogene Element in der Gleichung.

Eine wichtige Hürde können Kreditinstitute im Moment noch für sich verbuchen: das Wissen um das oft komplizierte finanzielle Geflecht ihrer Klientel und die jahrhundertealte Erfahrung im Finanzwesen.

Ich habe bereits erklärt, dass die Kraken sich umso schwerer mit der Eroberung eines Bereiches tun, je komplexer die Prozesse sind, je höher die Markteintrittsbarrieren.

Die Trutzburg der Banker ist aber alles andere als uneinnehmbar. Das liegt vor allem an der maroden Situation vieler Institute, die nur mit Ach und Krach die gesetzlichen Eigenkapitalanforderungen erfüllen. Mehr als eine eigentlich als solide geltende Bank hat sich in jüngster Zeit mit riskanten Geschäften verzockt. Die Folgen sind dramatisch: Neben dem schon erwähnten Bankensterben und der Konsolidierung der Branche wird das die Voraussetzungen für die Attacke der Web-Kraken schaffen. Vor allem in Phasen der Niedrigzinsen treten Services in den Vordergrund. Haben die Banken genügend Wissen und Erfahrungen, um hierauf adäquat zu reagieren? Services statt Zinsgewinn – ein unbekanntes Terrain für unsere Geldhäuser?

Es ist scheint nur eine Frage der Zeit zu sein, bis sich Apple, Microsoft, Google oder Facebook sich ihre eigene Bank leisten. Das kann wie erwähnt eine iBank sein, die sich über den Zukauf von Expertise das nötige Know-how ins Haus holt; das kann aber auch die Übernahme eines bestehenden Instituts sein, das ums Überleben kämpft – und sich seine Zukunft sichert.

Jeder ist käuflich. Und dieser Umstand gilt umso mehr, wenn wir über Finanzinstitute reden.

Unsere vierte Sünde: Selbstsüchtigkeit

Im Handel gibt es leider kaum Tendenzen, die den Bereich vor dem Übergriff der Kraken schützen könnten. Die Ideenarmut der Handelsunternehmen in den vergangenen Jahren entsetzt. „Geiz ist geil“ und: „Ich bin doch nicht blöd“ – um zwei Werbe-Claims des großen Elektronikhändlers Media - Saturnherauszugreifen. Von Amazon sind uns keine Sprüche bekannt. Der Händler macht über Mund-zu-Mund-Propaganda zufriedener Kunden auf sich aufmerksam – und besagtem Händler aus der Offline-Welt das Leben schwer.

Wie lange dieses Trauerspiel schon geht. Als ob der zunehmende Erfolg von Amazon auch – aber nicht nur – im Elektroniksegment ein Phänomen von gestern wäre.

Mitte der 90er Jahre wurde der Internetkonzern gegründet. Spätestens seit diesem Zeitpunkt hätte man sich in den Konzernetagen eine valide Abwehrstrategie überlegen können. Nichts dergleichen ist passiert – weil wir uns viel zu sehr um uns selber kümmern. Weil wir so wichtige Entwicklungen da draußen in der Welt verpassen.

Weil wir selbstsüchtig sind.

Seit Jahrzehnten schon versucht der Handel, sich neu zu erfinden. In den 80er Jahren stand die Bedrohung durch Shopping Malls auf der grünen Wiese auf der Tagesordnung. In den 90er Jahren kam der E-Commerce hinzu, der nun auch den Händlern vor der großen Stadt enorm zusetzt.

Aber ebnet vielleicht gerade das den Weg in die Zukunft? Zurück in die Zukunft? Experten der Beratung KPMG prophezeien in einer Untersuchung zur weiteren Entwicklung des Handels eine Renaissance des Tante-Emma-Ladens, wie ihn einige von uns noch aus früher Jugend kennen.

Den Märkten auf der grünen Wiese geben sie eine düstere Prognose. Mobilität würde immer teurer, argumentieren sie. Hinzu käme der Trend zum Leben in der Stadt. Niemand wolle da zum Einkaufen mehr nach draußen fahren.

Weil aber zugleich der Anteil der Alten in der Bundesrepublik in den nächsten Jahren deutlich steige, würde der Tante-Emma-Laden vor einem Comeback stehen.

Für den Handel, so die Schlussfolgerung, böten sich „eine optimierte Hauslieferung, Kleinfilialen und neue Abholformate als zukunftsweisende Lösungen an".

Das klingt interessant. Die Studie wurde sogar über mehrere Länder erstellt – aber sie hat meines Erachtens einen Haken: Die Untersuchung entstand nach ausführlichen Befragungen von „Marktteilnehmern" – also von Insidern. Und die vergangenen Jahrzehnte haben meines Erachtens mehr als deutlich gezeigt, dass diese Gruppe an Experten zu betriebsblind geworden ist, um auf die künftigen Herausforderungen angemessen zu reagieren.

Welche Lösungen haben die Damen und Herren an der Spitze der Handelsunternehmen in den vergangenen 30 Jahren denn zustande gebracht?

Wortwörtlich seit Jahrzehnten ist die Rede davon, dass der Handel in den Innenstädten attraktiver werden muss, um sich gegen die Bedrohung durch große Handelsketten und Einkaufszentren zur Wehr zu setzen. Ideen gab es einige: So sollten Veranstaltungen den Gang in die Innenstädte zu einem Erlebnis machen. Solche Events hätten von den Händlern mit organisiert werden sollen, zu ihrem eigenen Nutzen.

Nun überlegen Sie doch einmal selbst, wie viele solcher Veranstaltungen ihnen in der jüngeren Zeit untergekommen sind? Vermutlich werden Sie sich an kaum eine professionelle Verknüpfung von Event und Einkauf außerhalb größerer Shopping Malls erinnern. Von der gezielten Kombination Entertainment und Einkauf sind wir weit entfernt.

Die Handelsmanager meinen, ein Sonderangebot hier, ein Schnäppchen da würden genügen, um die Konsumenten in Massen anzulocken. Fehlanzeige. So züchten sie preissensible Kundschaft heran, die selbst bei der Schnäppchenjagd in der Stadt den Internet-Browser oder die Shopping-App auf dem Smartphone nicht aus dem Auge lässt.

Meines Erachtens können wir das Kaufhaus des 21. Jahrhunderts eins zu eins mit einer gedruckten Publikums-Zeitschrift alten Stils vergleichen. Beide suggerieren ein abschließendes Angebot. Beide werden bald als Relikt der Vergangenheit in die Geschichte eingehen – weil beide auf die Herausforderungen der Zukunft nicht frühzeitig regiert haben. Handels- wie Verlagsmanager hängen in ihren eigenen Kreisen fest und lassen schöpferische Kreativität vermissen.

Natürlich haben Journalisten heutzutage nicht mehr das Wissen der Welt gepachtet. Während im türkischen Staatsfernsehen Unterhaltungsshows laufen, gehen über Twitter, Facebook und all die anderen sozialen Medien die Nachrichten um die Welt, die alle interessieren: Der Aufstand der Türken, ausgelöst durch die Zerstörung des Gezi Parks.

Und ebenso selbstverständlich gibt es kein Warenhaus auf dieser Welt, das ein so umfassendes Angebot hätte, das niemand mehr auf die Idee käme, im Internet einzukaufen.

Was nicht in der Zeitung steht, passiert nicht – was nicht im Warenhaus am Hauptplatz der Stadt zu haben ist, gibt es nicht. Was für eine grandiose Fehleinschätzung, welche Eitelkeit und Einbildung, welcher grandioser Selbstbetrug.

Früher mag das gegolten haben. Heute haben die Einkäufer ihr Smartphone dabei. Mit wenigen Klicks können sie nicht nur sehen, dass die Konkurrenz das viel bessere Angebot hat – es gibt es dort auch noch billiger, und lässt sich mit nur einem weiteren Klick auf den berührungsempfindlichen Bildschirm des Mobiltelefons bestellen. Morgen steht schon der Paketbote vor der Tür und liefert die Ware.

Das sehen die Berater von KPMG ähnlich. Dank Smartphones und der darauf installierten kleinen Programme verliere die Planung von Einkäufen nach ihrer Meinung an Bedeutung. Auch gehe ich konform, dass „Hauslieferungen“ und „neuen Abholformaten“ die Zukunft gehört, d.h. Lieferung am selben Tag – ich erwarte solche Lösungen nur nicht von etablierten Handelsunternehmen. Die Kraken könnten schneller sein, siehe Amazon PRIME in den Großstädten.

Von Microsoft über Amazon, Google und Apple oder Ebay, alle experimentieren in verschiedenen Stadien mit der Optimierung der Logistik oder sogar bereits schon mit echten Geschäften in bester Innenstadtlage – und das nicht nur als „billige Jakobs“ ohne qualifizierte Beratung, sondern mit aufmerksamem Personal, Schulungen und persönlicher Betreuung via Facetime oder Hangout.

Am weitesten fortgeschritten scheint mir das Konzept von Apple. Wer einmal in einem Apple-Flagshipstore war, kann sich nur wundern, über die Begeisterung und auch den locker sitzenden Geldbeutel der Klientel. Dabei macht Apple wie selbstverständlich das, was der Handel sich vor Jahren schon vorgenommen hat: In den Läden in bester Lage finden Konzerte statt oder Schulungen – und wer sich hier gerade erst hat erklären lassen, wie sein Computer richtig funktioniert, der nimmt gerne eine neue Software oder ein Accessoire für den Rechner mit, auch wenn es mehr kostet. Die Shopping-App, um in den eigenen Läden einzukaufen, liefert Apple selbst – und liefert der Klientel so, was sie wünscht, und nimmt ihr zugleich den Wind aus den Segeln.

Gehen Sie anschließend zum Vergleich in einen Elektronikladen herkömmlicher Couleur. Sie werden niemanden finden, der sie berät. Die Computer vor Ort – um am Beispiel zu bleiben – sind lieblos nebeneinander angeordnet. Es zählt der Preis. Jegliche emotionalen Elemente werden von der Kaufentscheidung ausgeklammert. Wer tickt heute noch so?

Gerade bei einem Produkt wie einem Computer, den viele von uns täglich benutzen, und an dem viele von uns täglich verzweifeln, wären zusätzliche Dienste wie ein Installationsservice oder eine ausführliche Beratung so viel wert.

Apple bietet das.

Und ich bin mir sicher, dass auch Amazon, Ebay & Co., die zurzeit noch mehr in der Online-Welt verhaftet sind, mit kreativen Ideen in den Offline-Bereich starten werden – nicht nur mit einem einzigen plumpen Argument: dem Preis.

Alle Kraken haben einen entscheidenden Vorteil: Sie beschäftigen sich nicht ausschließlich mit sich selbst. Sie lassen keine Studien anfertigen, die ihren Weg bestätigen. Sie sind es gewohnt, neue Weg zu gehen – sie müssen andere einschlagen, um gewohnten Wachstumsraten treu zu bleiben.

Nun gut: Das letzte Argument würde auch für die tradierten Handelsunternehmen gelten. Allerdings stimmt hier nach wie vor die Einschätzung, dass Hochmut vor dem Fall kommt. Wenn wir es im Nachhinein betrachten: Mit welchem unglaublichen Tempo andere klassische Kaufhäuser, wie z.B. auch Karstadt mit dem falschen Konzept, ein Kaufhaus mit voller Warenbreite, mit Volldampf in das Unglück geschlittert sind, ist schon bedrückend. Ein solches Phänomen lässt sich nur mit Fehleinschätzungen der Leader und des Managements erklären. Wer in diesen Zeiten zu lange an tradierten Geschäftsmodellen festhält, ohne sich den Veränderungen zu stellen, verliert seine Marktposition.

Wieder greife ich den Handel nur stellvertretend als ein Exempel für meine These der Selbstsüchtigkeit heraus. Die anderen Protagonisten sind kaum einen Deut besser: Die Wissenschaft etwa lässt sich viel zu oft vor den Karren entweder vollkommen abwegiger oder hinreichend etablierter Thesen spannen. Wann haben wir zuletzt von einer bahnbrechenden Theorie gelesen, die das Zeug hat, die Welt zu verändern?

Ja, ich meine die Welt – nicht den Fachbereich IV des Lehrstuhls Physik, Abteilung Quantenphysik.

Die Wissenschaft verliert sich im Kleinräumigen. Die Gedankenwelt eines Gottfried Wilhelm Leibniz zählt heutzutage wenig. Natürlich werden viele einwenden, dass es heute klassische Universalgelehrte nicht mehr geben kann – diese Überlegungen seien antiquiert und nostalgisch. Gefragt sind heute alle auf Details spezialisierten Wissenschaftler – ein Universalgelehrter wird per se abgelehnt, weil er letztlich doch von nichts Ahnung habe. Dabei gibt es heute durchaus wieder Ansätze Disziplinen zu verbinden, wie z.B. die Biologie mit Nanotechnik, der sog. Bionik. Aber nur in Naturwissenschaften sind Verbindungen erlaubt. Alles andere wird als unwirtschaftlich abgelehnt.

Leibniz war einer der wichtigsten interdisziplinären Gelehrten seiner Zeit. Er hatte Ideen zu einem Unterseeboot, erteilte

Rat an Ärzte, war Vordenker der Aufklärung, befasste sich mit dem Rechtswesen, der Mathematik und der Philosophie. Beim Aufstehen habe er so viele Ideen, dass der Tag nicht ausreiche, alle niederzuschreiben, soll er einmal gesagt haben. Ohne ihn würde unsere Welt anders aussehen.

Mir fällt beim besten Willen niemand ein, der heute auch nur im Ansatz den Weg eines Leibniz gehen könnte. Carl Friedrich von Weizsäcker, in dessen Stiftung ich verantwortlich mitwirken darf, der Quantenphysiker, Philosoph, Historiker und Sozialwissenschaftler, hat stets die Interdisziplinarität der Wissenschaften gelehrt.

Heute gilt es geradezu als verdächtig, wenn sich jemand fachübergreifend äußert – zumal wenn es Naturwissenschaften und Geisteswissenschaften betrifft. Ihm wird meistens sofort die wissenschaftliche Kompetenz für ein bestimmtes Gebiet abgesprochen. Es geht so weit, dass selbst jemand, der in einem Fach keine tiefe Spezialisierung besitzt, trotz großer Kompetenz bei seinem Urteil sofort milde belächelt wird.

Dabei scheint es mir als das größere Problem, dass die Spezialisierung der Wissenschaftler einfach modisch ist. Es geht niemand den Weg eines Leibniz, weil er ihn nicht gehen könnte, weil es an Wissen mangelt – vor allem wird diese Richtung nicht eingeschlagen, weil die Wissenschaftler, die ins Rampenlicht kommen, solche sind, die in ihren Fachdisziplinen glänzen. Preise und Auszeichnungen gibt es heute oft für solche Erkenntnisse, die vorhandenes Wissen in Fachgebieten arrondieren. Nicht immer wird übergreifendes Denken gefordert oder gar gefördert.

Dabei brauchen wir Betrachtungen über den Tellerrand der einzelnen Wissenschaft hinaus, um die Probleme, vor denen wir stehen, zu lösen.

Wir müssen den Weg zurück in die Realität finden.

Unsere fünfte Sünde: Maßlosigkeit

Microsoft – fast jeder von uns hat einen Rechner, auf dem die Software des weltweit größten Unternehmens der Softwareindustrie läuft. Auf unseren Computern ist mehrheitlich das Programm Windows installiert. Bunte Fenster bieten Platz, um Anwendungen laufen zu lassen, beispielsweise wiederum von Microsoft: Word, die Textverarbeitung, oder Excel, die Software, um Tabellen zu erstellen.

Auch wenn auf Tabletcomputern und Smartphones in jüngster Zeit andere Systeme die Oberhand gewonnen haben, die klassische Computerwelt dominiert weiter Microsoft. Unser Arbeitsleben im Büro wird geprägt von der Gedankenwelt der Softwareingenieure und Programmierer in Seattle, dem Hauptsitz des US-Konzerns. Wir arbeiten nicht so, wie es für unseren Arbeitgeber, das Unternehmen oder die Einrichtung sinnvoll ist, sondern wie sich Programmierer unsere Arbeit vorstellen – oder wie es für sie am besten passt.

Wie konnte es so weit kommen? Überzeugt die Software aus Seattle durch Einfachheit, Stabilität, Designvorsprung?

Kenner und Leidtragende von Microsoft-Programmen werden sich an dieser Stelle ein Lächeln kaum verkneifen. Wir alle haben schon unsere Gefechte mit Computern ausgetragen und die wenigsten von uns werden von sich sagen, dass sie die Geräte verstehen – und das liegt nicht zuletzt an der Software von Microsoft.

Es ist kein Wunder, dass nun auf neuen Produktgattungen wie intelligenten Telefonen oder Bildschirmflundern Software anderer Hersteller läuft, die sich dann in der Tat in der Regel einfacher benutzen lässt, die weniger oft abstürzt – und auch noch hübscher aussieht. Endlich scheinen wieder die Kräfte des Marktes zu wirken.

Beim Aufstieg von Microsoft haben in den vergangenen Jahren dagegen mehr die Kräfte des Kapitals überwogen.

Früher waren die Microsoft-Produkte Marktführer. Zuletzt hat das Marketing und die Marktmacht den Aufstieg des Unternehmens zu seiner immensen Größe mit einem Umsatz von zuletzt jährlich weit mehr als 70 Milliarden Dollar möglich gemacht. Geld – und das Streben nach immer mehr.

Und das bringt uns zu der nach meiner Meinung nach fünften Todsünde, deren wir als Gesellschaft, als Politiker, als Wissenschaftler und auch und erst recht als Unternehmer schuldig bekennen müssen: der Maßlosigkeit.

Höher, schneller, weiter – das einst sportliche Motto der Olympischen Spiele, es integriert sich nahtlos in die meisten Bereiche unseres beruflichen und auch privaten Alltags.

Microsoft wurde an einem Frühjahrstag im Jahr 1975 von den beiden Schulfreunden Bill Gates und Paul Allen gegründet. Der Name ist eine Kombination aus Microcomputer, die damals neu waren, und Software – und genau das beschreibt auch den Geschäftszweck des jungen Unternehmens.

Der Erfolg des Konzerns basiert nicht auf Erfindergeist oder schöpferischer Zerstörung nach Schumpeter'scher Art.

Das Geschäftsmodell von Microsoft gründet auf: Kopieren.

Nach einigen mehr oder weniger erfolgreichen Eigenentwicklungen brachte Microsoft den Durchbruch ein eingekauftes Produkt, das auf einem Klon beruht, den Älteren von uns noch bekannt als MS-DOS: Microsoft Disc Operating System. Dieses Produkt ist ganz ohne Zutun von Gates oder Allen entstanden. Beide haben es nur günstig eingekauft.

MS-DOS war in den 80er Jahren das Betriebssystem der Wahl für Personal Computer von IBM. Diese Geräte schrumpften den Großrechner von einst, der problemlos den Platz eines Einfamilienhauses für sich belegte, auf die Größe eines handlichen Paketes. So wurden Personal Computer tauglich für den Schreibtisch im Büro oder zuhause. Personal Computer von IBM waren so erfolgreich, dass wir noch von PCs reden, meinen wir unsere digitalen Rechenknechte.

Microsoft brachte dieser Erfolg der anderen den Durchbruch. Weder der Personal Computer noch MS-DOS basieren auf dem Gedankengut von Bill Gates oder Paul Allen.

Der Börse war das egal. Es zählten der Erfolg und die ungeheure Gewinnspanne, die sich mit Software erwirtschaften lässt. Für Investoren war das Unternehmen ein Glücksfall. Schätzungen zufolge hat Microsoft drei Milliardäre hervorgebracht und zehntausende Millionäre. Bill Gates ist mit Unterbrechungen seit langem reichster Mann der Welt.

Aber ist dies auch noch das Erfolgsmodell der Web-Kraken? Die neue Ex- und Hopp Gesellschaft hat zu grundlegenden Veränderungen der Statussymbole in unserer Gesellschaft geführt. Party-T-Shirts werden im Schnitt nur 1,5-mal getragen. Immer wieder etwas Neues zu haben und über etwas Neues berichten zu können – das sind die Anforderungen, denen junge Menschen sich stellen müssen. Bei Handys muss es immer wieder das Neue sein, auch wenn schon vier andere in der Schublade liegen. Jeder Event muss mitgenommen werden – der Bericht hierüber in der Community mit Bild ist selbstredend Pflicht. Dass immer wieder Neue bei begrenzten Budgets führt natürlich auch zum Abschied von größeren Investitionen. Nur noch eine Minderheit von jungen Leuten strebt nach einem eigenen Auto – die Share Economy ist angesagt.

Zusammenfassend lässt sich festhalten, dass nicht die Digitalisierung selbst, sondern unser naiver, eigenverliebter selbstsüchtiger, auf Eitelkeit und Lifestyle aufgebauter und damit auch engstirniger und maßloser Umgang mit allem, was uns die Digitalisierung bietet, zu bitteren Konsequenzen für unsere Gesellschaft führt. Ohne darüber nachzudenken, stellen wir Grundprinzipien in Frage oder setzen sie sogar außer Kraft, die bislang Fundamente unserer Gesellschaft dargestellt haben, hier denke ich nicht zuletzt an angesprochene Themen wie die Steuergerechtigkeit. Erste Konsequenzen in unterschiedlichen Bereichen lassen sich bereits erkennen und wir müssen damit rechnen, dass sich diese noch verschärfen werden.

Ein Blick auf Opfer der Kraken – und Handlanger

Wenn wir kritisch auf die verschiedenen Gesellschaftsgruppen schauen, entdecken wir überall Strömungen, Entwicklungen, Trends, die den Internet-Giganten in die Hand spielen, und die ich unter dem Begriff „Todsünden" summiere. Überall sehen wir im Alltag solche Sünden, die langfristig unsere freiheitliche Grundordnung auflösen werden.

Werfen wir zunächst einen Blick auf die verschiedenen Gruppen, die das Feld für die Attacke bereiten. Im Anschluss schauen wir uns an, welche technologischen und wirtschaftlichen Grundlagen den Angriff ermöglichen.

- Die Gesellschaft

Unter dem Überbegriff verbirgt sich nicht weniger als unsereiner. Sie, ich, ihr Nachbar in der S-Bahn, die Arbeitskollegin, der Stammtischbruder – wir sind die Gesellschaft, jeder einzelne von uns bildet mit den anderen das Kollektiv.

Dieses „wir" zählt deutlich weniger als früher. Mit der Digitalisierung schreitet die Individualisierung der Gesellschaft voran. Das „ich" gilt heute als Maß aller Dinge – zum Teil in einer so extremen Ausprägung, dass es mir übel aufstößt.

Waren wir in früheren Zeiten noch auf Familienverbünde angewiesen, sorgen die Sozialsysteme der westlichen Gesellschaft für eine Entkoppelung des „ich" vom „wir".

Jeder kann inzwischen problemlos alleine leben, bis ins hohe Alter. Viele wählen diese Lebensform bewusst, um ihre Freiheit zu behalten. Einigen bleibt keine andere Wahl. In einem historisch nicht bekannten Maß genießt jeder heute Freiheit und Mobilität. Es geht nicht mehr um Fragen der Existenz oder des Überlebens – im Mittelpunkt steht oft allein die Selbstverwirklichung des Einzelnen.

Nie bestand unsere Gesellschaft aus mehr Individuen.

Die Botschaft, dass jeder sich selbstverwirklichen kann wird durch die Digitalisierung und die dort geschaffene virtuelle Welt nicht nur unterstützt, sondern sehr verstärkt.

In der Folge führt das dazu, dass so wenig wie nie zuvor darüber nachgedacht wird, was „wir“ unternehmen müssen, um die großen Fragen zu lösen, die unsere Gesellschaft berühren. Warum fällt es uns in Europa besonders schwer, auf die digitalen Herausforderungen zu reagieren? Wie erhalten wir die Wettbewerbsfähigkeit unserer nationalen, aber auch unserer kontinentalen Unternehmen? Was können wir gegen die wirtschaftliche Übermacht der Vereinigten Staaten unternehmen, was gegen die aus Asien?

Im Idealfall werden solche Fragestellungen in abendlichen Talkshows gestreift – um wenige Sendeminuten später im bunten Allerlei unterzugehen.

Nur keine Aufregung. Alles wird schon in Ordnung gehen.

Nein! Das wird es allem Anschein nach eben nicht.

Bei unseren Überlegungen bewerten wir kurzfristige Entwicklungen zu stark. Die langfristigen Trends hingegen übersehen wir. In gewisser Weise ähneln wir dem Frosch im Kochtopf. Langsam fängt der Topf, in dem er planscht, an zu köcheln. Erst, wenn das Wasser kocht, bemerkt er seine Misere – kann dann aber nicht mehr fliehen.

Dann ist es zu spät.

Eine besondere Rolle in dieser modernen Gesellschaft kommt Konsumenten zu. Sie bilden ein wichtiges Fundament unserer Volkswirtschaft – und könnten sie mittelfristig mit ihrer Naivität und Bestechlichkeit ins Verderben führen.

Nicht wenige von uns definieren sich über Konsum. In früher Jugend werden wir schon geprägt: Wer nicht die angesagten Markenklamotten auf dem Schulhof trägt, wird unweigerlich zur Zielscheibe von Hänseleien. Später gilt das neueste Smartphone als hipp und angesagt. Wer nicht mithalten kann, wird gemieden. Im Studium muss die Mitschrift der Vorlesung selbstverständlich auf einem Tablet geführt werden, am besten mit dem Logo des angebissenen Apfels. Wer in dieser Zeit nicht Mitglied bei Facebook ist, um sein Sozialleben zu organisieren, wird als Außenseiter abgestempelt.

Deshalb rede ich von Naivität. Weil niemand die langfristigen Folgen solchen Verhaltens erkennen will. Sobald uns digitale Dienste mit Leckerli locken, sind wir bereitwillig dabei. Einige Gigabyte an freiem Speicherplatz hier, eine schnelle Verbindung zu unseren Freunden dort, das bequeme Einstellen unserer intimsten Bilder oder Videos an einer dritten Stelle – sofort greifen wir zu. Und denken dabei nie weiter, etwa wer da was zu wessen Schaden mit unseren Daten anstellen kann? Eine Kernfrage.

- Die Wissenschaft

Die Deutschen sind ein Volk der Dichter und Denker – und werden es wohl bleiben, wenn wir einen Blick auf die Statistiken der Universitäten werfen.

Natürlich gehen seit langem die geburtenstarken Jahrgänge zurück. Aber dafür nehmen die Abiturienten und Studienanfänger von Jahr zu Jahr zu. Allerdings nicht bei den Ingenieurwissenschaften, der Mathematik und den Naturwissenschaften. Im Sommersemester 2012 sowie Wintersemester 2012/2013 fiel die Zahl der Studienanfänger in den Ingenieurswissenschaften um 8,8 Prozent. Nicht viel besser sieht es aus in der Mathematik und den Naturwissenschaften. Die Anzahl der Neuimmatrikulierten sank im Vergleich zum Vorjahr um 7,2 Prozent.

Die Fächer gelten unter jungen Leuten als „schwierig“. Lieber fangen sie ein Studium der Geisteswissenschaften an. Zwar sank auch hier die Begeisterung, aber nicht so stark. In den Sprach- und Kulturwissenschaften ging die Zahl der Anfänger um 5,1 Prozent zurück, in den Rechts-, Wirtschafts- und Sozialwissenschaften sogar nur um 2,9 Prozent. Nur die Mediziner konnten ein Plus verbuchen von 7,9 Prozent.

Woran liegt das bloß?

Gehen die jungen Leute denn davon aus, dass der Bedarf an Ärzten in Zukunft so stark zunehmen wird? Naturwissenschaftler braucht das Land.

Junge Menschen, die die Technik von morgen verstehen und sie vor dem Hintergrund unserer Kultur verstehen können. Wenn wir auf dem Feld der Naturwissenschaften und der Technologie nicht mehr wettbewerbsfähig sind, wie wollen wir den Anschluss an die moderne Welt halten? Oder soll dies der übrigen Welt vorbehalten sein? Neben technologischem Sachverstand müssen wir auch wieder das freie Unternehmertum stärken. Staatliche Programme à la Theseus fruchten nicht. Sie erinnern sich? Deutschland und Frankreich wollten mit diesem Projekt eine paneuropäische Suchmaschine per Staatsdoktrin initiieren. Frankreich stieg nach kurzer Zeit aus. In Deutschland fristet Theseus ein Nischendasein. Es sind wohl noch Forschungsgelder da, die verbrannt werden müssen.

Innovationen, die wirklich greifen, müssen von unten kommen. Von den Jungen, den Wilden, die wissen, aus welcher Richtung der Wind weht. Hierfür wäre eine Stimmung gut, die nicht technikfeindlich ist und die Innovationen begrüßt.

Das Beste, was der Staat für solche Hightech-Enthusiasten tun kann, liegt in einer gut fundierten Ausbildung.

Aber wie soll das gehen, wenn die Jungen keine Lust auf die wirklich spannenden Fächer haben? Und wenn auf der anderen Seite Kraken wie Google in aller Offenheit sogar ihren eigenen – an Interessenvertretung ausgerichteten - Lehrstuhl fördern?

Das Institut für Internet und Gesellschaft in Berlin wird seit 2012 maßgeblich vom Internetgiganten unterstützt. Es tarnt sich mit dem Titel „Humboldt Institut für Internet und Gesellschaft“. Es wurde von Google initiiert, mit finanziert und aufgebaut und mit einer Anschubfinanzierung ins Leben gerufen. Hier geht es nicht darum, die Top-Forscher des Instituts nach ihrer wissenschaftlichen Karriere zu Google zu bringen. Das Institut befasst sich nicht mit Wissenschaftsforschung im technischen Bereich. Nein, es dreht sich alles darum, Gutachten zu Internet und Gesellschaft zu erstellen und zu veröffentlichen. Es geht also letztlich auch darum, im Wissenschaftsbetrieb frühzeitig wichtige Meinungsfelder abzustecken. Der Weg über die Intellektualität zur gesellschaftlichen Akzeptanz, das scheint das Ziel des Instituts und seiner Förderer zu sein. Es soll und wird die öffentliche Meinung bedienen. Ist es nicht geradezu skurril, dass ein Bundesministerium einen Auftrag zum Thema: „Internet und Datenschutz“ an dieses Institut vergeben wollte, weil es keine anderen Experten gebe?

Am 14. März 2014 teilte die amerikanische Fernmeldebehörde auf der Net Mundial mit, sie sei grundsätzlich bereit, ihre Rolle als Kontrollorgan über das Internet und Icann aufzugeben, allerdings unter der Bedingung, dass keine andere nationale Behörde, auch keine Institution wie die Vereinten Nationen sie übernehme. Es muss nun geklärt werden, wie es mit Icann weitergehen soll. Mehrere Vorschläge dazu wurden kürzlich bei einem Treffen des Internet Governance Forums Deutschland in Berlin diskutiert. Icann könnte seine Funktion erweitern und sich künftig selbst beaufsichtigen, schlug etwa Jeanette Hofmann vor. Die Direktorin des Humboldt-Instituts für Internet und Gesellschaft wird bei der Net Mundial als Vertreterin der Wissenschaft für Deutschland im Hohen Komitee eine wichtige Position bekleiden.

Wer vertritt hier eigentlich wessen Interessen?

- Die Wirtschaft

Ich selbst bin Unternehmer mit Leidenschaft. Aus eigener Erfahrung kann ich einschätzen, was meine Kollegen in kleinen wie in großen Unternehmen täglich bewegt. Ich weiß, dass oft ein Kampf um den nächsten Auftrag, den neuen Kunden, noch mehr um den bestehenden oder um das tägliche Geschäft den Alltag beherrscht. Zwischendurch müssen organisatorische Aufgaben bewältigt werden. Zum Leidwesen meiner Familie und der Familie anderer Unternehmer und Führungskräfte sind

Arbeit und Freizeit kaum trennbar. Für viele Selbstständige und Unternehmer gibt es keine festen freien Zeiten, kein Wochenende, keinen Feiertag, keinen Anspruch auf sechs Wochen Urlaub im Jahr.

Allein schon deswegen bin ich mir bewusst, dass viele Dinge, die eigentlich getan werden müssten, auf die lange Bank geschoben werden. Um sich mit den drängenden gesellschaftlichen Problemen zu befassen, scheint keine Zeit da zu sein. Aber, um Himmels Willen, es geht um unsere Zukunft!

Unternehmer bilden einen der wichtigsten Pfeiler unseres Landes. Sie stehen für Selbständigkeit, Verantwortung, Vorangehen. Zwar hat ihr Ansehen in Deutschland längst nicht die Bedeutung wie in anderen Ländern. Doch ohne Unternehmer und Unternehmen gibt es keine Arbeit.

Wir Unternehmer haben eine besondere Verpflichtung, Entwicklungen wie jene der digitalen Disruption kritisch zu hinterfragen. Dabei müssen wir unseren Mann und unsere Frau stehen, wenn die Trends mittelfristig unsere Gesellschaftsstruktur bedrohen, wie dies im Moment der Fall ist – von viel zu Vielen aber übersehen wird. Und es reicht eben nicht, wenn wir uns über die Rabattforderungen von Amazon gegenüber kleinen Verlagen empören, die Willkür von Google bei der Suche nach unseren Branchennachbarn verurteilen oder den „Shitstorm", also die virtuelle Empörung auf der Facebook-Präsenz unseres Lieferanten beäugen.

Nehmen wir als Beispiel nur den Trend hin zur Industrie der Moderne, bekannt unter dem Schlagwort „Industrie 4.0".

Es geht dabei um unsere Wirtschaft „an der Schwelle zur vierten industriellen Revolution", so beschreibt es plakativ die Projekt-Webseite des Bundesministeriums für Bildung und Forschung. Der Einzug der Informatik in klassischen Produktionszweigen soll mit diesem Vorhaben im Rahmen der Hightech-Strategie der Bundesregierung gefördert werden. Am Ende dieser Entwicklung wird eine „smart factory" stehen – ein Produktionsbetrieb, der Ressourcen effizient nutzt, so die Umwelt schont, modernste Verfahren einsetzt, über das Internet immer eng vernetzt mit Geschäftspartnern, im wesentlichen also Kunden und Lieferanten. Dass dem Netz damit eine wesentliche Rolle zukommt, muss ich nicht näher ausführen. Der Begriff „Internet der Dinge“ wurde eigens für dieses Projekt geschaffen: nicht mehr nur Menschen kommunizieren bald miteinander. Künftig meldet die Stanzmaschine eigenständig, wenn sie Bedarf an neuen Teilen hat oder eine Inspektion fällig ist. Für die Maschinisten entfallen so Arbeitsschritte, der Unternehmer gewinnt in seinem Betrieb Flexibilität, im Idealfall sogar einen Wettbewerbsvorteil.

Allerdings bekomme ich beim Blick auf diese Entwicklung mehr und mehr den Eindruck, es zählt, was technisch machbar ist. Fragen nach der Sinnhaftigkeit der technischen Innovationen werden nicht gestellt. Eine weitreichende Abschätzung der Folgen fordert niemand. Wie so oft werden solche Einwände als destruktive Kritik an einer doch im Großen und Ganzen als begrüßenswert eingestuften Entwicklung abgetan.

Mitnichten! Wir müssen bei dem Diskurs, der uns bevorsteht, lernen, nicht nur in Schwarz und Weiß zu denken.

Wir müssen uns vielmehr den Aufgaben stellen, die aus dieser Veränderung hervorgehen. Ich verlange in keiner Weise, dass wir das Spinnrad wieder flächendeckend als Standard einführen – ich will nur sichergehen, dass wir in unserem Land Deutschland und in Europa künftig noch eine Rolle spielen, wenn es um die Bedienung der Spinnmaschinen geht.

Die Diskussionen um Industrie 4.0 werden meist auf eine oberflächliche Betrachtung unserer künftigen Wettbewerbsfähigkeit reduziert. Dass vielleicht der Siemens-Konzern der Zukunft aus den Vereinigten Staaten kommt und Amazon heißt – das scheint uns völlig abwegig. Dabei geht die Entwicklung doch genau in eine solche Richtung.

Aber wir brauchen für unsere Volkswirtschaft auch starke Unternehmen wie Siemens, VW, Mercedes, BMW, eine starke Deutsche Bank, eine starke Allianz, um nur einige zu nennen, wir brauchen starke Handelsunternehmen, starke Mittelständler und nicht nur die, die Weltmarktführer sind, sondern auch viele in der Fläche und die vielen kleinen Unternehmen und Selbständigen, die uns Arbeit geben und unseren Wohlstand erhalten. Es gilt in einer neuen Welt das Geflecht, das uns heute Stabilität und Stärke gibt, zu erhalten oder es anzupassen. Dazu müssen wir die Veränderungen nicht nur verstehen, wir müssen auch für uns nach kreativen Lösungen suchen, um im Wettbewerb zu bestehen. Die Web-Kraken knüpfen sich den Industriesektor bereits vor. Wer sich nur einen Moment Zeit nimmt, um eine Analogie zur Medienbranche zu ziehen, der würde die Vorzeichen aufziehender Gefahr mehr als deutlich erkennen. Deshalb muss jetzt gehandelt werden, um einen wichtigen Teil der Wertschöpfung zu behalten. Wir dürfen nicht warten, bis der Prozess von anderen gesteuert wird und uns überrollt.

- Die Politiker

Die vierte Gruppe, die wir betrachten, zieht solche Analogien mit Sicherheit nicht: unsere Volksvertreter. Sie zeigen sich beinahe ohnmächtig gegenüber jedweder innovativen Entwicklung – und unwissend, wenn es um Fragen der Wirtschaft geht. Das trifft schon zu in Bezug auf aktuelle Entwicklungen, verschärft sich allerdings noch einmal, wenn wir den Blick auf künftige Fragestellungen werfen.

Nur ein Beispiel: Ansgar Hevelling. Der CDU-Politiker, Jahrgang 1972, gehört eigentlich schon der internetaffinen Generation an. Das zeigt sich auch in seinem Interesse für den Bereich: Er ist unter anderem Vertreter der Enquete-Kommission „Internet und digitale Gesellschaft".

Das hält ihn nicht ab, sich mit seinem Thema nur oberflächlich auseinanderzusetzen.

In einem Gastbeitrag für das „Handelsblatt" hat er das Internet in Grund und Boden verdammt. Eine seiner Thesen: Die Beteiligung der Bürger über das Web werde bald schon der Vergangenheit angehören. Fraglich für ihn sei nur, „wie viel digitales Blut vergossen wird".

Was genau er mit diesen martialischen Worten meint, bleibt offen. Klar wird nur, dass er das Internet in den Grundzügen nicht verstanden hat.

Ein überzeugender Web-Auftritt einer Partei alleine genügt eben nicht, um im Netz angekommen zu sein. Natürlich gehört die Bürgerbeteiligung online dazu. Bewegungen wie der „Arabische Frühling“ im Jahr 2012 sind im Wesentlichen auf die Beteiligungs- und Kommunikationsmöglichkeiten im und über das Internet zurückzuführen, unabhängig davon, wer sie gesteuert hat und welche Interessen dahinterstehen.

Immerhin, Kritik hat Hevelling auch aus den eigenen Reihen bezogen. Die CSU-Generalsekretärin empfahl ihm ein wenig Denkarbeit über die Frage, „ob er als Politiker den richtigen Beruf gewählt hat“.

Hevelling ist alles andere als ein Einzelfall, gerade was die wichtigen Felder unseres Landes angeht, Wirtschaft und Hightech eben. Es gibt selbstverständlich auch genügend Beispiele anderer Parteien. Denken wir nur an die Piraten. Viele ihrer Forderung beschleunigen nur noch die Macht der Web-Giganten.

Es fehlt neben der Vorstellungskraft über die Folgen aktueller Entwicklungen auch an verlässlichen Eckpfeilern: Welche Rolle soll der Standort Deutschland, auch mit Bezug auf unsere europäischen Nachbarstaaten, künftig spielen? Lässt sich das Thema wirklich aus der Perspektive des Standorts Deutschland definieren? Welche Vorkehrungen müssen getroffen werden, damit unsere freie, demokratische und soziale Ordnung bestehen kann? Sind Deutschland und Europa mit den anderen Teilen der Welt aufgrund der technologischen Entwicklung im Wettbewerb richtig aufgestellt?

Solche Diskussionen fehlen. Stattdessen diskutieren Politiker, ob Facebook-Partys verboten werden müssen. Es handelt es sich um spontane Treffen, organisiert über das soziale Netz – ein kurzfristiges Aufflackern moderner Jugendkultur und keiner Debatte wert.

Mit solchen Scheindiskussionen spiegeln unsere Volksvertreter Wissen und Know-how im modernen Feld vor. Für weiterführende Gespräche ist das keine Grundlage.

Das Einfallstor ist weit offen

Der Blick auf die unterschiedlichen Gruppen zeigt warum wir es den Web-Giganten so leichtgemacht haben. Die per se positive Stimmung gegenüber den Digitalgiganten und das Ignorieren, dass diese darauf angelegt sind, Monopole zu bilden und in allen Bereichen der Wirtschaft für Veränderungen zu sorgen, war sicherlich eines der wichtigsten Einfallstore. Allerdings verstärkten in jüngster Zeit einige entscheidende technologische und wirtschaftliche Entwicklungen diesen Trend. Die wichtigsten führe ich Ihnen kurz vor Augen.

- Direkte Förderung der Giganten

Wer steht hinter dem Erfolg von Amazon? Hier zu Lande zu einem nicht unerheblichen Teil wir, die Steuerzahler.

Im Rahmen eines Förderprogramms mit dem schönen Namen „Gemeinschaftsaufgabe Verbesserung der regionalen Wirtschaftsstruktur“ flossen für das Jahr 2006 sieben Millionen Euro in die Kassen von Amazon.

Das geht aus einer Antwort hervor auf eine Anfrage der Linken-Fraktion an die Bundesregierung aus dem Frühjahr 2013. Vom betroffenen Bundesland geht in der Regel noch einmal ein Betrag in ähnlicher Größenordnung an das Unternehmen, das in den Genuss staatlicher Transferleistungen kommt. Insgesamt haben wir dem Milliardenkonzern aus den Vereinigten Staaten also 14 Millionen Euro geschenkt. Damit es ihm leichter fällt, erst unsere Händler zu bekriegen – und bald Fuß zu fassen in der Finanzindustrie.

Noch Fragen?

Solche Förderung erhalten Unternehmen vor allem in den neuen Bundesländern. Amazon kam zum staatlichen Geldsegen durch den Bau eines Logistikzentrums in Leipzig, des insgesamt zweiten Verteillagers des Internetkaufhauses in Deutschland.

Einem Bericht der Süddeutschen Zeitung zufolge haben die Politiker gelernt. Das Bundesland Sachsen hat auf den Online-Versandhandel nun explizit von weiteren Fördermaßnahmen im Rahmen des oben genannten Wirtschaftsprogramms verzichtet.

Aber nicht alle Volksvertreter sind einsichtig. Burkhard Jung, SPD-Mitglied und Bürgermeister von Leipzig, erklärte der Ratsversammlung der ostdeutschen Stadt: Amazon sei eine „beispiellose Erfolgsgeschichte von Arbeitsplätzen". Wenn das neue Verteilzentrum in Polen eröffnet wird, weil die Mitarbeiter bei Amazon für fairere Arbeitsbedingungen kämpfen, wie viele Arbeitsplätze bleiben dann übrig? Das ist nur ein weiteres Beispiel, dass unseren Politikern das Hemd näher ist als der Rock. Mögen solche Maßnahmen auch kurzfristig die Wirtschaftskraft einer Region sichern, vielleicht den einen oder anderen Arbeitslosen von der Straße holen: Mittelfristig geht der Schuss nach hinten los. So scheint es folgerichtig zu sein, dass Amazon sehr viele der heutigen Arbeitsplätze über Automatisierung einsparen wird, sobald sich dies rechnet.

- Daten als neue globale Währung

Wer wie ich die Schlachtrufe der Demonstrationen der 80er Jahre gegen die Volkszählung noch in den Ohren hat, kann sich nur wundern. Es macht mich fassungslos, wie sorglos wir mit unseren Daten umgehen. Wahrscheinlich sind wir uns gar nicht darüber im Klaren, was die Web-Kraken mit unseren Informationen anfangen können. Wir denken: Ein Klick auf den 'Gefällt mir'-Knopf von Facebook, ein „Like" auf der positiven Bewertung bei Spotify oder einem Reisebewertungsprogramm oder ein Kommentar dort. Was soll da schon passieren?

Eine Forschergruppe um den Psychologen Michal Kosinski hat die Frage eindrücklich beantwortet. Die Wissenschaftler haben die Angaben in sozialen Netzen von mehr als 50 000

Freiwilligen ausgewertet. Das Ergebnis: Mit einer Wahrscheinlichkeit von 88 Prozent konnten die Forscher das Geschlecht des Nutzers vorhersagen, mit sogar 95 Prozent, ob es sich um einen schwarzen oder weißen Probanden gehandelt hatte.

Dabei ließen die Wissenschaftler Algorithmen über die Gefällt-mir-Angaben der Nutzer bei Facebook laufen. Einfache Rechenprogramme waren das, wie sie von anderen Unternehmen beispielsweise eingesetzt werden, um Online-Werbe-Anzeigen zu schalten. Oder wie sie künftig im Einzelhandel verwendet werden, um Kunden und ihre Vorlieben schon beim Eintreten in einen Laden zu identifizieren. Die Gesichtserkennung macht Fortschritte – und zu einem der führenden Unternehmen in diesem Gebiet gehört: Facebook.

Die Forschergruppe um Kosinski konnte aus den Angaben der Studienteilnehmer noch mehr herausholen, weit mehr, als jeder von denen wohl je vermutet hätte. So ergeben sich ebenfalls sehr genaue Ergebnisse bei der Frage, ob der Teilnehmer sich gerade in einer Beziehung befindet, welche Religion er bevorzugt – oder welche Drogen.

Wir müssen uns hier noch einmal vor Augen führen: Die Teilnehmer, die an der Studie aus freien Stücken teilgenommen haben, klickten bei Facebook den Like-Button auf beliebigen Seiten, nicht etwa direkt auf einer Web-Präsenz von Kokain-Süchtigen. Sie betätigten den Mausknopf – um ein einfaches Beispiel zu nehmen – vielleicht bei einer bestimmten Kosmetikmarke. Und daraus zogen die Rechenprogramme ihre Schlüsse: in diesem Exempel etwa, dass es sich bei Männern, die diese Kosmetikmarke bevorzugten, mit hoher Wahrscheinlichkeit um Homosexuelle handelt.

Eine solche Wahrscheinlichkeit konnten die Algorithmen umso genauer vorhersagen, je mehr Daten die Computer von einem Probanden gespeichert hatten. Wer nur im Ansatz die Debatte um „Big Data“, um die bessere Auswertung der Datenschätze von Web-Kraken, verfolgt hat, dem kommt bei solchen Erkenntnissen das Grauen.

Nun handelte es sich um Freiwillige, die auch nur einen Teil ihrer Daten bereitwillig preisgegeben haben. Wie viele Daten über einen Kunden existieren, weiß so genau nur ein einziges

Unternehmen: Facebook. Und der Web-Krake hütet diesen Schatz. Über den sehr schwierigen Kampf des Wiener Studenten Max Schrems habe ich bereits berichtet.

Warum tun wir das? Warum tun wir uns das an? Johannes Boie vermutet in der „Süddeutschen Zeitung", dass jeder Nutzer inzwischen den Spruch kennt, Daten seien eine Währung, entlarvt aber den Irrsinn hinter dieser Maxime:

„Daten können keine Währung sein. Sie sind ein viel komplexeres Produkt als Geld. Wer sie auf ihren monetären Wert reduziert, übersieht, was mit ihnen alles angestellt werden kann – und mit Geld nicht."

Selbstverständlich hat Boie vollkommen Recht mit dieser Klarstellung. Eine Fünf-Euro-Note bleibt – in wessen Hand auch immer – stets nur genau das, ein Geldschein. Die Informationen hingegen, die Nutzer bei Facebook preisgeben, offenbaren einen Teil seiner Persönlichkeit.

Ob er will, oder nicht.

Und wollen wir diesen Preis wirklich zahlen?

- Der Übergang vom Virtuellen ins Physische

Die Skeptiker werden einwenden: Wo liegt die Gefahr, wenn die Digitalgiganten viele Informationen haben, diese aber nur virtuell, d.h. im Netz nutzen können? Natürlich können wir den Kopf derart in den Sand stecken, uns in Sicherheit wiegen, nur eines ist schon deutlich absehbar beim Kurs dieser Unternehmen:

Die Web-Kraken werden nicht in ihrem Metier verbleiben, sie strecken ihre Tentakel mehr und mehr in unser Leben – unser reales, alltägliches Leben. Unser Leben wirkt wie die Fortsetzung des Internet. Wir leben schon online.

Höchstens erfahren wir davon im Moment durch Randnotizen. Der aufmerksame Leser sieht selbst in den Qualitätszeitungen nur eine Meldung hier oder dort, in der Regel weit hinten im Wirtschaftsteil. Kein Wunder, fehlt uns doch das große

Bild, um die Bedrohung einzuordnen. Eine Ausnahme ist insoweit die F.A.Z. In ihrem Feuilleton gibt es auch nach dem Tod von Frank Schirrmacher, mit dem ich häufiger über die Entwicklungen persönlich gesprochen habe, eine spannende Debatte über die Themen, die ich anspreche. Vielleicht gibt es nach der Vergabe des Friedenspreises des Deutschen Buchhandels an Herrn Larnier mehr Interesse bei Qualitätsmedien für dieses wichtige Zukunftsthema. Wer weiß.

In den vielen Medien werden aber nur Randpunkte behandelt. So wird umfänglich über die politische Bedrohung durch Videoüberwachung diskutiert. Mit der Feststellung, dass die NSA unsere Daten hat, erreichen wir kurzfristig Aufmerksamkeit. Wir erregen uns und diskutieren darüber. Aber dass Privatunternehmen diese „Big Data" besitzen, ist der Vorgang, bei dem wir eigentlich aufschreien müssten. Doch das nehmen wir, wenn überhaupt, achselzuckend zur Kenntnis.

Nehmen wir als Beispiel Amazon: Bislang gilt das Unternehmen als reiner Online-Händler – als größter weltweit, aber eben nur verhaftet in der virtuellen Realität. Dass sich für Amazon der Einstieg in die echte Welt lohnen würde, belegen die so genannten Prime-Kunden des Unternehmens. Das sind solche Kunden, die Amazon nicht nur für ihre Ware zahlen, sondern inzwischen auch dafür entlohnen, dass die Bestellungen schnellstmöglich ankommen.

Die Idee von Amazon-Gründer und Chef Jeff Bezos ist perfide. Er lässt die Kunden für etwas zahlen, das selbstverständlich ist. Wenn Waren nicht schnell genug ankommen, könnte die Klientel ja auch wechseln. Die Konkurrenz ist im Netz nur einen Mausklick entfernt, eine Binsenweisheit.

Aber, nein, wir zahlen jetzt schon für den Dienst am Kunden.

In den USA kostet die Mitgliedschaft im Prime-Club von Amazon 79 Dollar pro Jahr, dafür gibt es neben einer garantierten Lieferung in den Staaten innerhalb von zwei Tagen noch gratis Filme und TV-Serien aus der Amazon-Online-Bibliothek. Hier zu Lande blättern Kunden 39 Euro pro Jahr für Prime auf den Tisch, dafür kommt die Ware am nächsten Tag. Früher, als sich Amazon noch um die Kunden bemühen musste, war das gang und gäbe – und gratis. Zusätzlich können deutsche Prime-Kunden Monat für Monat einen Titel aus der Amazon-Bibliothek leihen. Damit sie dieses Buch dann lesen können, müssen sie Geräte des Internet-Warenhauses besitzen.

Das günstigste Kindle-Lesegerät ist für 79 Euro erhältlich.

Noch Fragen zum Geschäftsmodell von Amazon? Wir zahlen für den Kundenservice und weitere Angebote – das dann natürlich nicht gratis, sondern wiederum gegen Gebühr.

Und trotzdem gibt es auch bei uns unzählige Kunden, die das freiwillig mitmachen.

Dabei ist Amazon keinen Deut besser als Apple, Facebook & Co., wenn es um Transparenz geht. Kein Wort verliert das Unternehmen über die Zahl der Prime-Kunden.

Die Marktforscher von Consumer Intelligence Research Partners (CIRP) haben deshalb Kunden in den USA befragt. Dort beläuft sich die Zahl der Prime-Nutzer Schätzungen zufolge inzwischen auf mehr als zehn Millionen. Bei nur einem Unternehmen, das sich für guten Dienst am Kunden bezahlen lässt. Innerhalb von nur zwölf Monaten hat sich die Anzahl der Prime-Kunden bei Amazon verdoppelt. Für das Warenhaus zahlt sich das Kundenbindungsprogramm gleich zweifach aus. Laut CIRP-Berechnungen liegen die Mehrkosten für das Prime-Programm, etwa was Marketing oder Logistik angeht, gerade mal bei einem Dollar pro Kunde. Anders gesagt: Von den 79 Dollar, die Prime-Kunden in den USA jährlich zahlen, wandern 78 Dollar pro Mitglied als Gewinn auf das Konto des Online-Warenhauses.

Wahrlich keine schlechte Marge.

Für Amazon ist das ein hervorragendes Geschäft. Prime-Kunden geben im Schnitt doppelt so viel aus wie normale. Sie machen das Gros ihrer Online-Käufe ausschließlich bei Amazon. Und ich sage es gerne noch ein weiteres Mal: Für diese Loyalität werden sie nicht bezahlt. Sie zahlen dafür.

Wie gelingt dies dem Unternehmen? Sind die Nutzer naiv oder haben sich die Verhältnisse so geändert?

Bis zum Jahr 2017 soll sich allein in den USA gemäß den CIRP-Marktforschern die Zahl der Prime-Kunden auf mehr als

25 Millionen erhöhen. Bei einer derart loyalen Kundschaft wäre es erstaunlich, wenn bei Amazon nicht auch über weitere Schritte nachgedacht würde: den Schritt in die reale Welt, beispielsweise durch Auslieferungszentren, die Waren noch am gleichen Tag bringen. Auch Verteilzentren in Ballungsgebieten würden in das Kalkül von Amazon passen. Dort könnten die Kunden ihre Ware dann schon wenige Stunden nach der Bestellung abholen, am besten natürlich wieder gegen zusätzliche Bezahlung, denn die Klientel würde dadurch dem Internet-Giganten ein weiteres, gutes Stück Arbeit abnehmen.

Ein solcher Vorstoß würde natürlich in erster Linie den Handel weiter in Bedrängnis bringen.

Finanzinstitute stehen als nächstes in der Schusslinie: Im Frühjahr 2013 hat Amazon eine eigene, virtuelle Währung vorgestellt – den Amazon Coin. Er entspricht zufälligerweise genau dem Gegenwert eines US-Cents.

Wer braucht da noch Banken?

Was die Attacke auf den Handel angeht, ist dieses Mal erstaunlicherweise aber Google schon ein Stück weiter.

Das Unternehmen ist mehr als eine harmlose Suchmaschine im Netz, das wissen wir alle. Längst hat der Konzern seine Fangarme auch schon in das wirkliche Leben ausgestreckt. Android beispielsweise, die Handy-Software von Google, befindet sich inzwischen auf den meisten Smartphones dieser Welt. Werfen Sie selbst doch einmal einen Blick auf ihr Gerät. Wenn Sie ein Handy besitzen, das mehr kann, als nur telefonieren, und es nicht von Apple stammt, dann ist die Wahrscheinlichkeit hoch, dass Sie sich bereits in den Tentakeln von Google verfangen haben.

Das Gros der Handy-Hersteller hat inzwischen auf Android umgerüstet. Die Software gibt es im Gegensatz beispielsweise zu der von Microsoft kostenlos. Aber wie sich das mit den versteckten Kosten in den Zeiten der Kraken verhält, muss ich Ihnen an dieser fortgeschrittenen Stelle des Buches nicht mehr erläutern.

Google lässt inzwischen selbstverständlich eigene Handys unter seinem Logo produzieren. Dazu kommen Tabletcomputer mit berührungsempfindlichem Bildschirm.

Die Hightech-Brille „Glasses" befindet sich zurzeit gerade in der Vorstufe zur Massenfertigung. Glasses lassen sich tragen wie jede normale Brille, haben aber ein äußerst komplexes Innenleben. Es handelt sich, vereinfacht gesagt, um einen tragbaren Computer.

Zurzeit sind die Glasses wieder zurückgerufen worden, weil die Sensorentechnik noch nicht ausgereift genug erscheint. Aber es wird nicht lange dauern, dann sind sie wieder da: besser, genauer und mit noch mehr Qualität zur Datensammlung.

So verleiht jeder Kunde Google Augen. Im Wortsinne.

Das Gleiche tut er, wenn er das Google Car nutzt. Im Moment geht das noch nicht für alle, das Auto ist erst im Erprobungsstadium. Es handelt sich um einen Wagen, der keinen Fahrer mehr benötigt. Erste Fahrten in Kalifornien sind erfolgreich verlaufen. Es gibt bereits eine autorisierte Probestrecke. In einigen Jahren fährt das Google Car auch bei uns. Es handelt sich um einen autonom fahrenden Wagen.

Beim Google Car wurde allerdings im Gegensatz zu Google Glasses vorab schon bekannt, welche Datenmenge das Science-Fiction-Gefährt sammelt: ein Gigabyte – pro Sekunde.

Eine schier unglaubliche Datenmasse.

Offiziell braucht der Wagen über seine Sensoren eine solche Flut an Informationen, um jederzeit seine Umgebung wahrzunehmen und das Auto sicher zu steuern.

Wir können uns aber wohl gewiss sein: Die Daten werden bei Google verwahrt – und dienen in Kombination mit den Positionsinformationen des Autos, die das Unternehmen natürlich ebenso speichert, dazu, die Welt neu zu vermessen.

Mit den Sinnen der Krake.

Alle diese Produkte, die das kalifornische Unternehmen bereits bietet oder vorbereitet, wollen natürlich an den Mann und die Frau gebracht werden. Dafür plant Google den nächsten, aus meiner Sicht logischen Schritt: die Eröffnung von Läden.

Genau wie die Flagship-Stores von Apple, sollen die Shops von Google Ausstellungszentren für Google-Produkte sein. Hightech-Geräte wie Glasses oder in naher Zukunft das Auto sind erklärungsbedürftig. Die Angestellten in den Google-Läden könnten diese Aufgabe übernehmen, ebenso wie die überdimensionierte Belegschaft in den Apple-Stores.

Meiner Ansicht nach werden solche Google-Stores nur ein kleiner Schritt in der absehbaren weiteren Strategie des Unternehmens sein. Wieso sollte das Unternehmen nicht eine der schwächelnden Handelsketten übernehmen – und sich deren vorhandene Filialstruktur zunutze machen?

Anfang März 2013 hatte Google 50 Milliarden Dollar auf der hohen Kante. Nur um das in Relation zu setzen: Die Buchhandelskette Barnes & Noble kommt da auf eine Marktkapitalisierung von gerade mal einer Milliarde Dollar. Die US-Kette hat wie kaum eine zweite unter den Attacken von Amazon zu leiden, aber auch von Google. Schließlich unterhält die Suchmaschine mit Dutzenden Bibliotheken weltweit Verträge, um Bücher zu digitalisieren, und verkauft inzwischen selbst digitale Bücher. Wer ein solches Werk computerlesbar bei Google findet, muss sich nicht mehr auf den Weg zu Barnes & Noble machen.

Mit dem hypothetischen Kauf des Buchhändlers bekäme Google Zugang zu mehr als 700 Filialen, teils in bester Lage. Und hätte noch immer 49 Milliarden Dollar übrig. Darf es noch eine Bank dazu sein?

Natürlich ist das nur ein Beispiel, wie schnell sich alles verändern kann. Niemand darf sich heute sicher fühlen. Kein Händler, keine Bank, kein anderer Finanzdienstleister – und schon gar kein Kunde.

Das Geschehen verstehen (Szenarien)

Lassen Sie uns tiefer einsteigen, in das, was gerade um uns herum geschieht. Das Internet ist nicht nur eine recht junge Technologie, entstanden erst vor wenigen Jahrzehnten; den Durchbruch hat das Netz der Netze vor gerade mal 20 Jahren geschafft. Das Web ist zudem eine äußerst komplexe Materie, das nur von wenigen in seiner Vollständigkeit verstanden wird.

Dies gilt insbesondere für die Abschätzung der Folgen von Entwicklungen und Trends.

Um die Materie einfacher verständlich zu machen, werde ich im Verlaufe des Buches einige beispielhafte Szenarien aufzeigen. Auch, wenn die Personen, die ich Ihnen gleich vorstellen werde, meiner Phantasie entsprungen sind, gänzlich aus der Luft gegriffen habe ich die drei Generationen der Familie Müller nicht.

Natürlich Müller: der häufigste Name in Deutschland – und so repräsentiert unsere Familie in diesem Buch die durchschnittlichen Internetfähigkeiten der Deutschen.

Lassen Sie mich die Protagonisten kurz vorstellen: Mit seinen 75 Jahren ist Herbert Müller der Senior unserer Beispielfamilie. Sein Leben lang hat er als Malermeister gearbeitet. Sein Handwerk hat ihn erfüllt. Seine Frau Elfriede, 72, kümmerte sich um den Haushalt und die Kinder– drei, von denen wir uns im Folgenden aber nur Elke widmen, der jüngsten Tochter. Mit ihren 46 Jahren arbeitet sie als Personalverantwortliche in einem mittelständischen Betrieb im Nachbarort. Dort hat sie auch Thomas, 44, kennengelernt. Obschon er zwei Jahre jünger ist, war es Liebe gleich beim ersten Treff. Ihr gefiel seine Art, auf alle Fragen des Lebens eine Antwort zu finden. Inzwischen hat er dieses Geschick zu seiner Profession gemacht: Er arbeitet als Lehrer. Ihre beiden Söhne Rouven und Torben gehen noch zur Schule. Rouven, 18, möchte einmal Anwalt werden, muss dazu aber noch den passenden Abschluss am Gymnasium hinlegen. Torben, 13, macht sich solche Gedanken noch nicht. Pilot oder Polizist? Ihm steht die Welt offen.

Sie alle kennen Menschen wie Elfriede, Herbert, Elke, Thomas, Rouven und Torben. Eine Familie Müller – eine Alltagsfamilie in verschiedenen Generationen. Aber wie nutzen diese Menschen unterschiedlichen Alters das Netz? Um das genau anzuschauen, greife ich auf eine Milieustudie zu Vertrauen und Sicherheit im Internet des DIVSI zurück, des Deutschen Instituts eben für Vertrauen und Sicherheit im Internet. Die Untersuchung stammt aus dem Jahr 2012 und bietet nach wie vor eine gute Grundlage für eine Einteilung der Bevölkerung entsprechend ihrer Netz-Kenntnisse. Bislang wurde die Unterteilung stets lediglich in On- und Offliner getroffen. Was natürlich Unfug ist.

Ein Internetanschluss allein sagt nichts über die Kenntnisse, Bedürfnisse und Erfahrungen des Anschlussinhabers aus, was das Internet betrifft. Wir alle haben schon Menschen mit technischem Anschluss ans Netz getroffen – denen das Wissen um die Chancen, aber auch die Gefahren und Grenzen des Webs fehlt.

Selbstverständlich hatte Herbert Müller in seinem Malerbetrieb zuletzt einen Internetanschluss – selbstverständlich hat er ihn nicht genutzt. Seine Buchhalterin benötigte den Zugang zum Netz, allein schon zum Datenaustausch mit der Bank, aber er? Wofür? Auch Zuhause „haben sie Netz“, aber allein Elfriede nutzt den Anschluss sporadisch.

Nach der Klassifizierung des DIVSI gehört Herbert damit klar zu den internetfernen Verunsicherten. Er hat von diesem „Internet“ gehört, seine Enkel haben ihm einiges gezeigt. Wozu er es allerdings brauchen könnte, „dieses Netz“, ist ihm bislang noch nicht klargeworden.

Elfriede hat durch ihre Liebe zu alten Spielwaren Ebay entdeckt. Auf der Internetauktionsplattform hat sie viele seltene Stücke ihrer Sammlung gefunden, seit kurzem versucht sie sich dort auch im Verkaufen. Auf diese Weise wagt sie sich hier und dort auf andere Seiten im Netz und ist schon eine Weile recht gut per E-Mail erreichbar.

Wenn der Computer allerdings seinen Dienst versagt, verliert sie schnell das Vertrauen in die Technik.

Sie gilt im Studiendesign des DIVSI als „ordnungsfordernder Internetlaie“. Diese Gruppe hatte schon erste Berührungspunkte mit dem Internet, sie wagt aber vieles nicht, aus Furcht, „den Computer kaputt zu machen“, oder aus Angst um die eigene Sicherheit im Netz. Elfriede lässt sich gerne helfen, von ihren Enkeln Rouven und Torben beispielsweise, deren Vater Thomas oder dessen Frau Elke.

Wenn es aber darum geht, die Web-Kraken zur Raison zu rufen, ist nach ihrer Meinung der Staat gefordert. Das ist die Institution, die für die Sicherheit der Bürger verantwortlich ist, so sagt sie.

Schwiegersohn Thomas steht dem Netz auch skeptisch gegenüber. Als Lehrer nutzt er das Medium im Unterricht nur gelegentlich. Obschon später aufgewachsen, gehören seine Sympathien der 68er-Generation. Den Web-Kraken vertraut er nicht, dem Staat noch weniger.

Damit wird er im Studiendesign als postmaterieller Skeptiker eingeordnet. Technikfeindlich ist Thomas keinesfalls, er schätzt die Informationsmöglichkeiten und bestellt etwa regelmäßig Bücher bei Amazon. Allerdings hat er sich mit den Methoden des Web-Kaufhauses nie angefreundet.

Wenn Amazon ihn zur Begrüßung auf der Internetseite mit personalisierten Empfehlungen empfängt, ihm also Produkte zeigt, die Thomas aufgrund seiner Bestellhistorie gefallen könnten, verdammt der Lehrer die Technik. Das geht ihm zu weit. Facebook bleibt er gar aus Prinzip ganz fern.

Seine Frau Elke, 39, neckt ihn deshalb oft. Sie hält ihren Mann für „verschroben“, „altmodisch“, dabei sei er doch jünger als sie. Über ihren Job als Personalverantwortliche hat sie schnell Zugang zum Netz gefunden. Sie surft nicht, weil es angesagt ist – das Internet gehört zu ihrem täglichen Werkzeug. Neuerungen wie das Bildernetzwerk Pinterest schaut sie sich gerne an, macht davon aber nur Gebrauch, wenn sie einen konkreten Nutzen für sich sieht. Auf Instagram beispielsweise zeigt sie unregelmäßig ihren Freunden in Übersee Naturfotos, die sie in ihrer Freizeit schießt.

Als verantwortungsbedachte Etablierte gilt Elke. Mit ihrem Mann gibt es regelmäßig ausgedehnte Diskussionen über die Rolle des Staates. Während Thomas jede Einmischung aus Prinzip ablehnt, fordert Elke eine starke Rolle des Staates und seiner Institutionen, in erster Linie nicht nur regulatorisch, sondern vor allem in Punkto Bildung und Sozialisierung der Jugend für das neue Medium.

Ihre Söhne Rouven und Torben schmunzeln angesichts der hitzigen Debatten ihrer Eltern – oder schütteln gleich den Kopf. Rouven ist mit dem Internet aufgewachsen und zuhause im Netz. Von Digital Natives ist oft die Rede, von digitalen Eingeborenen. Im Studiendesign des DIVSI wird seine Generation als digital Souveräne bezeichnet.

„Bin ich schon drin?“, fragte Boris Becker in einem legendären Werbespott eines Internetdienstleisters Ende der 90er Jahre. Nur einige Jahre später warb ein Provider mit dem Spruch „Ich lebe online“ – und das beschreibt ziemlich genau das Gefühl von Rouven, wenn es um das Web geht.

Für ihn ist „online zu sein“ keine technische Aktivität, „sondern Situationsbeschreibung und damit ein selbstverständliches Moment des privaten und beruflichen Alltags“, so heißt es in der vorliegenden Studie. Anders gesagt: Ohne Internet geht es für Rouven nicht mehr.

Gefahr durch die Kraken? Doch nicht für ihn. Sein digitales Selbstbewusstsein ist so hoch, dass er davon ausgeht, die Tricks der Internetkonzerne zu durchschauen – und ihnen mit Guerilla-Methoden entgegentreten zu können. Bei Facebook ist Rouven beispielsweise selbstverständlich angemeldet. Einen Großteil seines Privat- und inzwischen auch des Studienlebens organisiert er über die Plattform. Er hat dort mehr als 500 Freunde gesammelt. Allerdings findet ihn niemand unter dem Namen Rouven Müller. Er hat sich dort den Kunstnamen „RouFän“ zugelegt, mit einem verfremdeten Foto – für die, die ihn kennen, reichen diese Anhaltspunkte in Verbindung mit der Auswahl an Freunden, die Facebook bei einer Suche automatisch anzeigt, um ihn zu eindeutig zu identifizieren.

Der Staat soll sich um Verkehrsampeln kümmern. Im Netz hat er nach der Meinung von Rouven nichts verloren.

Staat? Was ist das? Sorgloser als Rouven ist nur noch sein Bruder Torben. Der 11-Jährige besucht seit kurzem das Gymnasium. Er ist laut DIVSI ein unbekümmerter Hedonist, hat keine Berührungsängste zum Medium. Er nutzt die Online-Funktionen seiner Spielkonsole, um sich mit Freunden zu verabreden. Dann sitzt jeder von ihnen in seinem Zuhause, und alle zusammen messen sich in einem Kampfspiel oder einem Autorennen. „Warum sich Sorgen machen?“, so ihr Credo gemäß DIVSI, „das Internet ist ohnehin unkontrollierbar“. Messenger, Streaming, telefonieren über WhatsApp? Fotos in der Cloud? Das machen doch alle. Teils weiß Torben gar nicht, was für Gefahren im Netz herrschen, teils blendet er sie bewusst aus.

Mit den effizienzorientierten Performern – erfolgreiche, leistungsorientierte Menschen – kennt die DIVSI-Studie noch eine siebte Gruppe. Wer so klassifiziert wird, legt hohen Wert auf die eigene Verantwortung beim Surfen und will das Netz möglichst wenig beschränkt sehen. Die freiheitliche, unregulierte Struktur des Internet macht vieles möglich, was diese Gruppe zu schätzen weiß. Für unsere Betrachtungen sollen uns aber die sechs Mitglieder der Familie Müller genügen. Gleich werfen wir einen tiefen Blick in ihr Leben – und was daraus wird.

Nicht allzu ferne Welten

Bei den Vorbereitungen zu diesem Buch habe ich mir Gedanken gemacht, wie sich am besten die gewaltigen Veränderungen darstellen lassen, die unsere von individueller Freiheit geprägte Gesellschaft erwarten. Bislang habe ich einige Entwicklungen aufgezeigt. Sie verdeutlichen, welche Machtposition künftig den digitalen Giganten zukommt, wenn wir alles so weiterlaufen lassen wie bisher. Das klingt nach Kassandrarufen. Aber Vieles bei der digitalen Revolution wird derart einschneidende Veränderungen mit sich bringen, wie es unsere

Gesellschaft zuletzt erlebt hat vor rund 150 Jahren durch die Industrialisierung.

Auch damals wurden der Lebensrhythmus, die Arbeit, das soziale Miteinander und die Geschwindigkeit im gesellschaftlichen und politischen Leben grundlegend verändert. So wie das Zeitalter der Industrialisierung alles verändert hat, so verändern auch die Digitalisierung und das Netz der Netze alles. Nichts muss aber zur extremen Belastung für uns werden. Denn nicht alles geschieht „alternativlos“. Wir haben es selbst in der Hand, Vieles zu gestalten und zu bestimmen. Diese Chance sollten wir wahrnehmen: Denn es gibt schon heute Entwicklungen, die, wenn sie nicht gebremst werden, zu Ergebnissen führen, die wir alle in einer freien Gesellschaft und Demokratie nicht wollen.

Amazon legt die hiesigen Maßstäbe, was Sozialstaat, Wertschätzung der Arbeitnehmer oder Überwachung der Kunden angeht, nun, sagen wir, freizügig aus. Macht nichts?

Facebook durchleuchtet unser Inneres, weiß mehr über uns als unsere engen Freunde. Ganz egal?

Google kennt schon, was wir im Netz suchen wollen, bevor wir uns dessen selbst bewusstwerden. Schön einfach?

Diese unbekümmerten Haltungen müssen uns zu denken geben. Wir sollten auch nicht darauf vertrauen, dass der Markt es schon richten werde oder uns mit der Vorstellung beruhigen: „Es wird alles nicht so heiß gegessen, wie es gekocht wird.“ Das, was sich heute an Entwicklungen zeigt, wird auch umgesetzt, wenn unser Widerstand es nicht doch noch verhindert.

Uns fehlt die Gabe, Trends langfristig auszumachen. Wir bemerken nicht, wie die Web-Kraken stets an Grenzen gehen – und diese damit mehr und mehr verschieben.

Und deshalb versuche ich, Ihnen in diesem Kapitel zu zeigen, was da auf uns wartet. Damit diese Folgenabschätzung – mehr ist es ja nicht, aber auch nicht weniger – nicht zu theoretisch wird, greife ich auf den Kniff zurück, den ich bereits angedeutet habe: die Szenario-Technik.

In dieser Aufführung vor unserem inneren Auge werde ich einige wichtige Tendenzen herausarbeiten, die in ihrer Konsequenz vielleicht überraschen, die sich aber heute schon deutlich abzeichnen. Natürlich kann auch ich die Zukunft nicht vorhersagen, aber ich denke, dass ich mit einer doch recht hohen Wahrscheinlichkeit einige grundsätzliche Umwälzungen zur Welt von heute aufzeigen werde.

Familie Müller haben wir zu diesem Zweck kennengelernt mit Oma Elfriede, Opa Herbert, Schwiegersohn Thomas und seiner Elke sowie den beiden wohlgeratenen Söhnen Rouven und Torben. Diese Familie soll uns nun helfen, das Geschehen plastisch darzustellen.

Keine Angst: Ich werde mich dabei nicht unter die Science-Fiction-Autoren begeben. Versprochen. Dazu eignen sich andere wahrlich besser. Ein kleiner Blick in die nahe Zukunft genügt meinen Zwecken. Nehmen wir das Jahr 2025, das ist nun wirklich nicht mehr weit. Aber wie viel sich in einigen Jahren bis dahin verändern kann... Denken Sie zum Beispiel zurück, wie Sie das Jahr 2000 erlebt haben.

Der Jahrtausendwechsel. Die Panik vor dem Zusammenbruch der Informationssysteme weltweit, weil nicht klar war, wie die Computer auf das Jahr mit der 2 vorne statt der 1 und der vielen Nullen reagieren würden. Für viele Unternehmen war das ein Riesengeschäft, für andere ein großer Verlust – weil die Furcht im Großen und Ganzen vollkommen unbegründet war. Die Terroranschläge in New York lagen noch in der Zukunft. Der Gedanke an die permanente Bedrohung durch den Terrorismus war noch nicht so präsent, wie er es in heutigen Tagen ist. In Frieden lebte die Welt damals trotzdem nicht.

Und auf der Technikseite? Facebook war noch nicht einmal gegründet. Sein Chef, die Oberkrake Mark Zuckerberg, war ein Teenager von gerade mal 16 Jahren.

Google? Das Internetunternehmen gab es erst zwei Jahre, es hatte einige frühe Investoren überzeugt und hatte eine exzellente Kommunikationsstrategie. Es baute eine „Story“ auf, wonach die beiden kleinen Garagengründer Larry Page und Sergey Brin gegen die großen, bösen Internetgiganten antreten würden wie AOL und Yahoo! „Don´t be evil!“ – so lautete ihr Slogan. Google wollte für Freiheit eintreten.

Gerade in deutschen Medien wurde die Story gerne verbreitet und vermittelt. Google war der Liebling der deutschen Medien. Folgerichtig hat Google bei der Internetsuche schon seit längerem einen Marktanteil von mehr als 90 Prozent in Deutschland. Der Begriff „googeln" schaffte es sogar bis in den Duden als Synonym für die Suche im Internet.

Verlage nahmen im Jahr 2000 das Internet nur am Rande wahr. Schließlich war die Blase um junge Hightech-Unternehmen an den Börsen erst kurz vor ihrem Platzen. Dass es überhaupt eine Blase war, würde man später diagnostizieren. Da ist man immer schlauer.

Erinnern Sie sich noch? Das Jahr 2000, es ist gar nicht lange her, und doch hat sich seither so unglaublich viel geändert. Nur wenn wir uns solche Zeitspannen vor Augen halten, bekommen wir die Chance, die wahrhaft tiefgreifenden Veränderungen zu bemerken.

Und deshalb das Jahr 2025. Das liegt weniger weit in der Zukunft, als 2000 zurückliegt. Also bis dahin wird kaum noch etwas so sein wie heute. Davon bin ich fest überzeugt.

Auf in eine neue Traumwelt, in der uns alles abgenommen wird, bis von uns nicht mehr viel übrig ist …

Komplette Überwachung

Herbert Müller ist müde. Oder weniger höflich ausgedrückt: Der Rentner hat die Schnauze gestrichen voll. Mit seinen 75 Jahren versteht er die Welt nicht mehr. Seinen Vater hat er nie kennengelernt, der ist im Zweiten Weltkrieg gefallen, allerdings nicht auf Seiten der Deutschen, sondern als Untergrundkämpfer der Résistance. Als gebürtiger Aachener hatte der Vater seit der Machtergreifung so seine Schwierigkeiten mit Hitler und Konsorten. Leben und leben lassen – sein persönliches Motto wurde ihm zu oft mit Füssen getreten. So wechselte er nach dem Beginn des Zweiten Weltkriegs schnell die Seiten. In Belgien wurde er zunächst mit Skepsis begrüßt, die Furcht vor einem Überläufer, der sich doch nur als Spion entpuppen würde, war groß. Letztlich siegte die Vernunft. Der alte Müller leistete seinen Teil im Kampf für die Demokratie in Deutschland – und wofür das alles?

Seine Tochter Elke könnte verzweifeln, wenn sie sich an die Strapazen ihres Vaters erinnerte, zurück an die Briefe denkt, die ihr ihre Mutter einmal gezeigt hat, und nun einen Blick auf die Politik von heute wirft. Sie hatte ihr Leben in Freiheit und relativem Wohlstand verbringen können, vor allem dank der Mühen des Vaters.

Das sollte nun alles auf der Kippe stehen?

Mark Zuckerberg war auf dem besten Weg, der jüngste Präsident der Vereinigten Staaten zu werden. Seinen Wahlkampf führte der Selfmade-Milliardär in einem selbst für US-Verhältnisse verschwenderischen Stil. Aber Geld spielte im Wahljahr 2020 nicht mehr die wichtigste Rolle, viel bedeutender für den enormen Vorsprung von Zuckerberg war die Hoheit über die Daten der Menschheit, die er als Chef des weltweit mächtigsten Internetkonzerns übernommen hatte.

Es gab, da war sich Opa Müller sicher, keinen Bereich des öffentlichen und des privaten Lebens mehr, der nicht von Facebook, Instagram und WhatsApp durchleuchtet wurde.

Gestern beispielsweise war seine Frau Elfriede einkaufen. Der Reiz des Shoppens hielt sich heutzutage in Grenzen. Herbert erinnerte sich gerne zurück, wie er in seinen Jugendjahren mit Elfriede durch die Stadt flaniert war, hier ein Espresso, dort ein Plausch mit alten Bekannten, dann ein Spontan-Kauf, weil ihm die Hose beim alteingesessenen Herrenschneider so gut gefiel.

Das war nun anders. Eine echte Auswahl zwischen verschiedenen Geschäften gab es kaum noch. Natürlich, es existieren noch verschiedene Marken, aber das Gros des Handels haben Amazon und Google unter sich aufgeteilt. Hin und wieder werden die Käufer mit einem Schnäppchen geködert, am Ende aber gewinnt eine der beiden Kraken.

Wie auch immer: Elfriede war auf der Suche nach einem Kleid, dezent, aber geschmackvoll. Sie wollte es auf der Hochzeit ihres ältesten Enkels tragen. Passend dazu entwarf sie sich am Rechner einen Armreif. Das funktionierte kinderleicht mit einigen Mausklicks. Elfriede bestellte ein geblümtes Kleid in zurückhaltenden Farben, ihrer Meinung nach genau das richtige für den Anlass.

Am Nachmittag schon konnte sie die Ware in der Innenstadtfiliale von H&M abholen, seit einigen Jahren „an amazon company", wie ein freundlicher Schriftzug unter dem Namen des Kleiderhändlers verriet. H&M war eines der wenigen Unternehmen, denen früher eine relativ gute Verknüpfung von offline und online geglückt war. Dennoch konnten sie sich langfristig gegen Amazon nicht durchsetzen. Die flächendeckende Präsenz der Filialkette von H&M hatte seinerzeit den Ausschlag für den Zukauf gegeben. Eigene Waren hatte das einst schwedische Unternehmen nun nicht mehr im Angebot. Die Filialen waren radikal umgebaut worden und dienten als Showroom für Amazon-Produkte, vor allem natürlich solche im Bekleidungssegment.

Das Kleid von Elfriede war aus einem Auslieferungslager in die Stadt gebracht worden, den Armreif konnte sie vor Ort mithilfe eines 3D-Druckers selbst produzieren. In Windeseile setzte das Gerät aus kleinsten Partikeln den Armreif zusammen, den sie zuvor selbst am Rechner entworfen hatte. Das Stück wirkte wie aus einem Guss.

Für andere Produktgattungen – Bücher, Elektronik, Weiße Ware – hatte sich Amazon-Chef Jeff Bezos entsprechend mit anderen, ehedem marktführenden Handelsunternehmen verstärkt. So blieb der Eindruck einer vielfältigen Warenwelt erhalten – allerdings unter dem Dach eines Web-Kraken, wie nicht nur Insider wussten.

Google war einen anderen Weg gegangen. Erst kürzlich hatte das Unternehmen, das einst als Suchmaschine gestartet war, den maroden Apple-Konzern übernommen und bediente sich dessen Filialen. Hier wurden noch weniger Produkte als in den Amazon-Niederlassungen ausgestellt, alles war auf die Abholung von Waren ausgelegt. Das allerdings in einem gediegeneren Umfeld als bei den Amazon-Ablegern.

Der verspielte Chef des Unternehmens, Larry Page, legte nach frühen Experimenten mit Hightech-Brillen, selbstfahrenden Autos und Fernsehern, die Gewohnheiten der Zuschauer aufzeichneten, weiter Wert auf die angestammte Technikschiene. So war er auch die treibende Kraft hinter der Übernahme von Apple. Der einstmals größte Konzern der Welt hatte in jüngster Zeit den Anschluss verloren. Nach dem Tode des Gründers Steve Jobs schon im Jahr 2011 fehlten dem Management die Ideen für neue Bestseller.

Als Elfriede die H&M-Filiale betreten hatte, wurde sie mit Namen begrüßt, von einem Roboter zwar nur, aber immerhin: Das schaffte eine persönliche Atmosphäre. Kameraüberwachung in den öffentlichen Verkehrssystemen, den Straßen und natürlich nicht zuletzt in den Läden ermöglichten das. Die Gesichtsdaten so gut wie aller Bewohner Deutschlands, mindestens aber des Teils, der Einkäufe erledigte, waren erfasst. Neben Vorname, Nachname, Anschrift gehörte ein biometrisches Foto zwingend zu den Anmeldedaten eines jeden Web-Shops. Schon früher hatte Apple Bacon das Angebot des Tages personalisiert auf das Handy geliefert. Es gab längst personalisierte Plakate und Preisschilder.

Intimsphäre ging so verloren, dessen war sich auch Elfriede bewusst. Aber, was sollte man machen? Schließlich gab es nichts mehr, was man nicht zunächst online bestellte. Entweder lieferte es die Post, „an amazon company", so wie früher, oder man ging in die Stadt zum Abholen. Privilegierte Kundschaft, die bereit war, einen hohen Aufpreis zu zahlen, erhielt die Ware eine Viertelstunde nach Bestellung – via Amazon-Drohne.

Wobei dieser Weg in die Innenstadt mehr und mehr zum frustrierenden Erlebnis wurde, weshalb sich Elfriede außer in Ausnahmefällen die Waren inzwischen stets nach Haus liefern ließ. Es gab nur noch um den früheren Stadtkern herum einige Auslieferungsläden von Amazon, Google & Co. Der klassische Handel war so gut wie ausgestorben. Wenige leisteten Widerstand, der Bäcker am Platz war so ein Beispiel. Allerdings hatte sie neulich erfahren, dass auch dieses Geschäft bald schließen würde. Dem Eigentümer fehlte die Kraft zum Weitermachen, nicht nur wegen seines Alters, auch weil die Kraken mit ihrem

Quasimonopol die Preise beherrschten, selbst die eines Brötchens.

Mit dem Preis eines beinahe voll automatisiert hergestellten Brötchens aus einem 3D-Replikator konnte der Bäcker nicht mehr mithalten. Er lebte von Kunden wie Elfriede und Herbert Müller, die der Nostalgie wegen und ein wenig auch aus Widerstand gegen die Internetkonzerne bei ihm kauften.

Den Anzug für Schwiegersohn Thomas brachte Elfriede gleich mit. Nicht nur, um ihn einen Gefallen zu tun. Thomas hatte inzwischen das Recht verwirkt, bei Amazon einzukaufen. Der 44-Jahre alte Lehrer machte schon früher durch seine aufmüpfige Art von sich reden. Nun, da Kraken die Herrschaft über das Konsumleben komplett übernommen hatten, schlugen sie zurück. Nie hatte sich Thomas um ein Konto bei Facebook gekümmert. Im Gegenteil: Er hatte sich aktiv verweigert. Das wurde ihm jetzt zum Verhängnis. Es fehlten wichtige Informationen zu seiner Person in den Datenbanken der Web-Konzerne. Das stempelte ihn schon einmal grundsätzlich zum Verdächtigen.

Welche Gründe sonst sollte es geben, sich nicht mit seinen Freunden auszutauschen, als etwas zu verheimlichen? Das war die Logik in den Konzernzentralen im Silicon Valley. Wer einen falschen Namen angab oder bei der Adresse log – der konnte nur schlechte Absichten im Schilde führen. Eric Schmidt, früher Chef, dann lange Verwaltungsrat von Google, hatte die Warnung ja rechtzeitig ausgesprochen: „Wenn es etwas gibt, von dem sie nicht wollen, dass es irgendjemand erfährt, sollten sie es vielleicht ohnehin nicht tun.“ Das sagte er schon im Jahre 2009.

Hinzu kommt, dass Thomas vergleichsweise schlechte Bewertungen hatte. Scoring war schon einige Jahre bekannt. Spezielle Dienstleister zogen verschiedene Informationen zu Rate, um die Kreditfähigkeit einer Person zu beurteilen, seine Adresse beispielsweise oder vorliegende Mahnungen. So wurde abgewertet, wer in einer Straße von Kreditsündern wohnte. Neuerdings wurden diesen Informationen verquickt mit Bewertungen im Netz. Schon lange schließlich bewerteten Kunden bei Amazon Produkte oder bei Google Orte. Wieso nicht auch

Personen beurteilen? Das ergänzte die Informationen perfekt, die von den Web-Kraken ohnehin aufgezeichnet wurden.

Bei Thomas machten sich ehemalige Schüler die Tatsache zu Nutze, dass ihr Lehrer gegen alles und jeden im Netz wetterte. Sie drehten den Spieß um und gaben ihm schlechte Noten, was seinen Auftritt im wahren Leben anging.

„Verhält sich unsozial", „Vertraut Web-Seiten generell nicht", „Hat eine zynische Ader" – so lauten einige der noch wohlmeinenderen Kommentare auf seiner von jedermann einsehbaren Personenseite im Netz. Offiziell sind die Daten auf Servern bei Amazon hinterlegt. Das spielt in diesem Fall allerdings keine große Rolle, denn die Web-Kraken haben eine „open data alliance" geschmiedet, der Amazon, Facebook und Google sowie einige kleinere Unternehmen beigetreten sind. Dort tauschen die Kraken Informationen über ihre Nutzer ungeniert aus.

So wurde aus den Big-Data-Beständen jedes einzelnen Unternehmens praktisch über Nacht ein Biggest-Data-Reservoir. Datenschützer aus hiesigen Breiten hatten zwar einige Einwände gegen eine solche immense Fülle an Infos über einzelne Personen, konnten den Schritt letztlich aber nicht verhindern. Früh hatten die Web-Kraken solche Bedenken vorausgeahnt und mit gezieltem Lobbying unterbunden. Dann wurde als Argument ins Feld geführt, die Informationen könnten schließlich auch der Bekämpfung des internationalen Terrorismus dienen. Wer konnte ernsthaft gegen dieses Ansinnen sein?

Die Stimme der Kritiker verhallte.

Seinem Sohn Rouven ist das Verhalten des Vaters mehr als peinlich. Kurz vor der Hochzeit des 24-Jährigen kam es noch einmal zu einer deutlichen Aussprache. Es war an dem Sohn, den Vater zu tadeln. Er bringe mit seinem widerborstigen Verhalten die gesamte Familie in Verruf. Natürlich werde der Vater aufgrund seiner schlechten Bewertungen und der Verweigerung der sozialen Medien niemals mehr eine vernünftige Stelle erhalten. „Aber machst du dir nicht Sorgen, welches Bild auf uns fällt?", rief Rouven im Streit.

Hinterher war es ihm peinlich, so mit dem Vater gesprochen zu haben. Schließlich war es aber auch zum Verzweifeln. Während Rouven kurz vor dem Ende des Studiums alles gab, um auf einen halbwegs vernünftigen Scoring-Wert im Netz zu kommen, schien sein Vater genau diese Bemühungen zu torpedieren. Natürlich konnten mögliche Arbeitgeber von seiner Personenseite mit nur einem Link zum Profil des Vaters gelangen auf den Seiten der „open data alliance".

Damit waren alle seine langjährigen Anstrengungen zunichtegemacht. Mit nur einem Klick.

Völlige Unselbständigkeit

Die Datenallianz hat für Rouven aber nicht nur Nachteile, auf diesem Weg hat er auch seine Zukünftige kennengelernt. Seit frühester Jugend hat Rouven eine Smartwatch von Microsoft getragen. Zwar ist auch dieser Anbieter in Google aufgegangen, aber die Daten der intelligenten Uhr sind nicht verloren gegangen. Die Smartwatch hat am Handgelenk von Rouven 24 Stunden am Tag, sieben Tage die Woche, seine Lebenslinie verfolgt: seinen Puls aufgezeichnet, seine Stimmungen, die Qualität seines Schlafes, auch die Exzesse seines Lebens – wann er wie viel getrunken, mit wem wie lange gefeiert hat. Alle seine Bewegungen wurden protokolliert.

Rouven war das manchmal lästig, aber aus freien Stücken hat er sich für die Überwachungstechnik ja nicht entschieden. Die Smartwatch war Voraussetzung in der Schule, um am Notensystem teilzuhaben, auch um in der Kantine zu zahlen oder für das Ticket in der Bahn. Auf die Noten hätte er ja verzichten können, aber jeden Tag das Essen mit zur Schule nehmen wie einer vom Rand der Gesellschaft oder immer mit dem Rad zur Arbeit? Nein, nicht mit ihm, dann nahm er lieber die Smartwatch-Pflicht in Kauf. Das hatte auch durchaus Vorteile, musste er zugeben.

Der Algorithmus von Microsoft, nun Google, war so clever, ihn anhand seiner Schlaf- und Bewegungsaufzeichnungen frühzeitig auf mögliche Gesundheitsrisiken hinzuweisen, eben aber auch sein soziales Leben zu steuern. So waren sich Mareike und Rouven noch nie in ihrem Leben begegnet, aber Google hatte beide einander zugewiesen, so wie früher schon entsprechende Freunde, mit denen die Freizeit zu verbringen war.

Und, voila: Beide hatten sich auf Anhieb verstanden. Das lag nicht nur an den Gemeinsamkeiten, dem frühmorgendlichen Joggen beispielsweise, sondern auch an bewusst einkalkulierten Differenzen. So aß Rouven für sein Leben gern, Mareike kochte leidenschaftlich. Die per Google-Algorithmus arrangierte Hochzeit war für die Twens ein folgerichtiger Schritt.

Die Vordenker bei Google hatten die Verbindung fürs Leben bewusst zu diesem Zeitpunkt arrangiert, um Mareike und Rouven in die nächste Lebensphase zu schicken: In zweieinhalb Jahren würde das junge Paar das erste Kind bekommen, in vier Dreivierteln das Nächste. Die Wahrscheinlichkeit für beide Ereignisse lag aufgrund ihres bisherigen Verhaltens bei weit mehr als 95 Prozent.

Ihr Konsum würde dann überproportional steigen. Allerdings gab es eine gewisse Wahrscheinlichkeit aufgrund der vorliegenden Daten, dass die Beziehung nach 13 Jahren in die Brüche gehen würde. Das klang zunächst dramatisch, würde allerdings den Gewinn der an der open data alliance beteiligten Unternehmen weiter steigern, vor allem aufgrund der Dienstleistungen, die Mareike und Rouven in diesem Fall in Anspruch nehmen mussten.

Aus der Smartwatch-Pflicht war inzwischen ein Smartwatch-Zwang entstanden. Der Staat hatte diesen auf Anraten der Web-Kraken verordnet. Die Lobbyisten konnten die Politiker schnell davon überzeugen, dass die Daten auch dem Gemeinwohl dienten, über Maßnahmen zur Prävention beispielsweise. Krebs war 2025 so gut wie ausgerottet.

Zuckerbrot – und Peitsche: Die Smartwatch diente nicht nur Gutem, sie erfasste zugleich stets den Grad der staatsbürgerlichen Treue. Klar, wer sich der Smartwatch verweigerte, war per se Aufsässiger. Die Uhr lieferte zudem noch hintergründigere Infos: Mit den Bewegungsdaten des Besitzers konnten zersetzerische Strömungen schon in ihren Ursprüngen ausgemacht werden.

Den Vollzugsbehörden brachte das den Ruf einer gewissen Willkür ein. Manch einer wurde in Schutzhaft genommen, bevor er etwas angestellt hatte. Die Softwareingenieure der Web-Kraken konnten den Volksvertretern auf Anfrage allerdings stets darlegen, wieso aufgrund des Verhaltens der Verdächtigen in den vergangenen Tagen ein baldiges Verbrechen oder Agitation gegen den Staat plausibel erschien.

Im Zweifel gegen den Anklagten.

Rouven störte sich an alldem wenig, er wusste kaum etwas davon. Vielleicht war die Presse nicht unbedingt gleichgeschaltet, es gab hier und da unterschiedliche Berichte zu gesellschaftlich wichtigen Themen, vor allem zu den Auftritten der angesagtesten Stars auf der Filmplattform Youtube. Das wurde rege diskutiert, überall gab es Homestories dieser C-Promis. Über Nacht konnte jeder einer werden.

Die wenigen verbliebenen Zeitungen und Zeitschriften widmeten sich jedoch so gut wie kaum kritischen Themen. Wer die große Konsolidierung in der Medienbranche 2018 überstanden hatte, war mehr oder minder freiwillig Teil einer der Web-Kraken geworden. Versuche, unabhängigen Journalismus auch nach der Krise zu etablieren, waren gescheitert. Das Zielpublikum war zu klein, als das es sich hätte rentieren können. Die Internetkonzerne hatten den Kauf von Verlagen weltweit mit dem Erhalt der Vielfalt gerechtfertigt, ihren gesellschaftlichen Auftrag angeführt. So wie Apple-Gründer Steve Jobs stets betont hatte, er sei um das Wohl der freien Presse besorgt. So wie Amazon-Chef Jeff Bezos, der sich die Washington Post zugelegt hatte.

Das Gegenteil war letztlich der Fall: Die Medien dienten als Anzeigeblätter und Hinweisgeber auf das Leben, das nun ausschließlich im Netz stattfand.

Die Hochzeit von Mareike und Rouven wurde ebenso zu großen Teilen im Internet übertragen. Das war einfach günstiger in einer Zeit wirtschaftlicher Unsicherheit.

Dennoch hatte das junge Paar einen Kredit von Facebook vermittelt bekommen. Die Vermögensverhältnisse beider waren natürlich bekannt, so war es klar, dass es nie und nimmer für das kleine Fest gereicht hätte. Die Summe war über sieben Jahre gestundet. Dann, so das Kalkül, könnten beide nach Heirat und ein wenig Elternzeit für die Kleinen wieder voll im Berufsleben stehen. Das würde bei den heutigen Löhnen in Kombination mit der galoppierenden Inflation niemals genügen, den Kredit zu tilgen.

Kein Einzelfall. In Kooperation mit den Kraken hatten sich die Regierungen der westlichen Länder eine neue Form des Schuldendienstes überlegt – die Geschichtskennern nichts Fremdes war: den Frondienst. Natürlich hieß das heutzutage anders. Im Prinzip lief es aber nicht anders als im Mittelalter.

Rouven würde aller Voraussicht nach eine Weile in einem Logistikzentrum von Amazon arbeiten, um dort Waren zu verpacken. Kost und Logis waren frei. Mit seinem Schuldendienst würde er den Kredit tilgen. Mareike leistete ihren Teil bei einem Gesichtserkennungsdienst von Facebook. Dort würde sie über das Internet Gesichter abgleichen, die von der Software nicht automatisch erkannt wurden.

In den Augen sowohl der Kraken als auch der öffentlichen Institutionen machte das durchaus Sinn, spätestens seit das Gros der Länder sich bei den Internetkonzernen hatte verschulden müssen. Die Unternehmen saßen auf hohen Cash-Reserven, zum Teil in Übersee, das sie aus steuerlichen Gründen nicht in ihrer Heimat verwenden wollten; Regierungen, vornehmlich ebendort auf dem Alten Kontinent, standen mehrheitlich am Rande des Staatsbankrotts. Euro- und Finanzkrise hatten den meisten Staaten so sehr zugesetzt, dass ihre Substanz gefährdet war. Da war es nur logisch, sich die Gelder zu holen, wo sie lagen: bei den Kraken.

Damit war ein Teil des Problems gelöst, der andere bestand darin, die Schulden abzuzahlen. Die Internetunternehmen handelten schließlich nicht aus purer Menschenfreundlichkeit. Was also lag näher, als Teile der eigenen Bevölkerung zu „verpfänden“. Natürlich, der Aufschrei war anfangs groß gewesen, was aber waren die Alternativen? Staatspleite? Wirtschaftliches Chaos? Unruhen?

So war schnell Vernunft eingekehrt, eine ernsthafte Debatte fand ohnehin nicht statt. Manager und Politiker hatten den Pakt geschlossen, als auf Youtube ein Sängerwettstreit die Nation fesselte.

Und wenn man sowieso schon einige Monate für die Schulden des Staates aufkommen musste, warum dann nicht auch für die eigenen Verbindlichkeiten? Das war nur logisch.

Selbständige Finanzinstitute gab es kaum noch. Ihre Aufgaben hatten ebenso die Internetkonzerne übernommen durch die Schaffung neuer, virtueller Währungen.

Für viele schien der Frondienst also ein plausibler Weg, sich überhaupt noch etwas leisten zu können. Die Web-Kraken profitierten von den billigen Arbeitskräften.

So war zumindest vordergründig allen gedient.

Vollkommene Armut

Mareike und Rouven sind dankbar für den modernen „Frondienst“. Anders hätten sie sich ihre Hochzeit nicht vorstellen können. Selbstverständlich wäre es billiger gegangen. Aber wie hätte das ausgesehen? Der schönste Tag im Leben – da spart niemand gerne. Dabei spielt Konsum nicht mehr die Rolle wie einst – oder anders gesagt, eine andere Rolle.

Viele können sich das Lebensnotwendige nicht leisten. Mareike und Rouven gehören zu den privilegierten Mitgliedern der Gesellschaft. Ihre Großeltern besitzen sogar noch ein Haus, es gehört also ihnen. Das ist zur absoluten Ausnahme geworden und nur ihrem altmodischen Lebensstil zu verdanken. Aus der Konsumgesellschaft hat sich aus Notwendigkeit längst eine Tauschgesellschaft entwickelt. Auch das erinnerte einige an frühere, längst vergangenen geglaubte Zeiten zu Anbeginn der Menschheit.

Rouven stört sich daran nicht, ebenso wenig wie sein Bruder Torben. Beide kennen es nicht anders. Der Kleine kann so die neuesten Spielkonsolen nutzen. In der Schule, nun kurz vor der Reifeprüfung, teilt er sich mit Klassenkameraden einen Computer, um Aufgaben vorzubereiten.

Auch damit sticht Torben hervor. Weite Teile der Bevölkerungen haben keinen Zugang mehr zu staatlicher Bildung. Das bleibt der Elite vorbehalten. Die Masse nutzt allein Schul-Software im Internet, die von den Web-Kraken konzipiert wurden, auch das unter dem Deckmantel eines gesellschaftlichen Auftrags. Die Lehrinhalte sind dementsprechend einseitig. Ein kritischer Umgang mit den Internetkonzernen ist nicht vorgesehen. Zwar werden die verschiedenen Dienste der Unternehmen ausführlich vorgestellt. Es geht in diesem Unterricht jedoch mehr um technische Konfiguration. Eine reflektierende Distanz zu den Angeboten fehlt – und ist auch gar nicht gewünscht.

Um die Armut zu kaschieren, haben sich Tauschnetzwerke über das Internet gebildet. Mareike wird ihr Hochzeitskleid auf diesem Weg für 24 Stunden zur Verfügung gestellt bekommen. Im Gegenzug reinigt sie einen Monat lang ein Haus, was ihr genügend Punkte für das Kleid einbringen sollte.

Mit dem Rückgriff auf das Punktesystem haben die Kraken eine weitere virtuelle Währung geschaffen. So haben sie nicht nur ihr Ziel verfolgt, das bestehende Finanzsystem auszuhöhlen. Für die Nutzer bringt das gefühlt Unabhängigkeit – die in der Realität die Abhängigkeit zu den Kraken verstärkt. Sie müssen nicht Kartoffeln gegen Kleidung tauschen. Sie tauschen Kartoffeln gegen Punkte, und können sich von ihrem Punkte-Konto Waren oder Services gönnen.

Dabei gibt es nichts, was nicht im System vorhanden wäre: Besonders beliebt sind naturgemäß Wohnungen, wobei enorm viele Punkte selbst für kleine Behausungen notwendig sind. Verschuldung im Punkte-System ist möglich – und erwünscht, denn auf diese Weise kommen die Internetkonzern wiederum an günstige Arbeitskräfte.

Der Pseudo-Besitz stärkt die sozialen Grenzen in der Gesellschaft. Es gibt nach wie vor die virtuell Besitzenden, also solche, die über den Tausch ihr Leben organisieren – und jene, denen es an allem mangelt. Zeitweise zählten mehr als ein Viertel der Gesellschaft hier zu Lande zum Prekariat. Sie waren auf Suppenküchen angewiesen, die zum überwiegenden Teil von den Internet-Konzernen finanziert wurden, allein schon der Ruhe im Staat wegen.

Der große Diskurs blieb aus – und wird ausbleiben, dafür sorgen die Kommunikationsabteilungen der von den Kraken kontrollierten Medien. Es herrscht nicht nur materielle Armut im Lande, es überwiegt auch die geistige.

Die Masse wurde in großem Stil und bewusst falsch informiert. Neben den erwähnten Youtube-Star-Homestories regierten Verbrechen und Sport die „Blätter“, die zwar noch so heißen, zum Gros aber elektronisch und gratis verteilt wurden. Traditionellen Verlagen hat dieser letzte Hieb der Internetkonzerne den Garaus gemacht. Von Meinungsvielfalt konnte keine Rede mehr sein, höchstens noch von einem Meinungsoligopol, denn die wenigen Kraken beherrschen die öffentliche Stimmung. Gegeneinander gab es naturgemäß hin und wieder einen Seitenhieb, aber keine ernsthaften Attacken. Man war sich seiner Stellung bewusst, der Fragilität des Systems, und wollte keinen Aufruhr provozieren.

Den Armen im Lande wurde die Schuld an ihrer Misere selbst zugeschoben. Es herrschte die amerikanische Mentalität der Selbstverantwortung bis in die letzte Konsequenz. Wer es nach oben schaffen wollte, der konnte es auch schaffen, das war das Bild, was in der Öffentlichkeit herrschte.

Thomas wusste es besser. Er würde es nie wieder nach oben schaffen. Die vermögenden Schwiegereltern dämpften zwar den Absturz des ehemaligen Lehrers, er war sich allerdings auch bewusst, dass dieser Zustand nur noch so lange anhalten würde, wie Elfriede und Herbert am Leben sein würden. Nach ihrem Tod würde seine Familie voll von seinem systemkritischen Denken in Mitleidenschaft gezogen.

Der 44-Jährige hatte sich der Machtübernahme der Kraken widersetzt, wo er nur konnte. Zudem hatte er Widerstand im Unterricht gepredigt, bis es seinen Vorgesetzten zu viel geworden war. Vor kurzem war er suspendiert worden. Geld bekam er keines mehr. Ein neuer Job war bei seinem virtuellen Leumund undenkbar. Thomas hatte keinen Schimmer, wie es weitergehen sollte – und überlegte sogar, es dem Ur-Großvater seiner Kinder, dem Vater seines Schwiegervaters gleichzutun: in den Untergrund zu wechseln.

Es hatte sich mittlerweile eine Gruppe von Systemkritikern zusammengefunden, die mit passivem und aktivem Widerstand den Vormarsch der Kraken stoppen wollten. Ihr Erfolg hielt sich in Grenzen, weil die Digitalisierung des Alltags so weit fortgeschritten war, dass sich ohne Zutun der Internetkonzerne kaum noch etwas bewegte.

In einer Welt, in der Kühlschränke den Nachschub orderten, Kleiderschränke – nach Blick in den Online-Kalender ihres Besitzers und auf die Wettervorhersage – wussten, was anzuziehen war, Elektroautos bei jedem Auftanken an der E-Zapfsäule die Bewegungsdaten ihrer Fahrer übermittelten – da war ein Offline-Leben, also eines ohne die Kraken, nur unter schwersten Mühen machbar.

Der Widerstand konnte überhaupt nur Fuß fassen, weil es einige Unterstützer gab. Menschen wie Elke Müller, Frau von Thomas, die beruflich erfolgreich waren, denen aber mehr und mehr Fragezeichen angesichts einiger gesellschaftlicher Entwicklungen kamen. Elke, inzwischen Personalleiterin bei einem mittelständischen Betrieb, brauchte das Netz: zur Auswahl von Kunden, zum Screening der Bewerber, um mit Kollegen vernetzt zu sein. Sie sah aber nicht ein, wieso ihr Mann nun seine Existenz verwirkt haben sollte. In ihrer Jugend schließlich war Meinungsfreiheit noch ein hohes Gut.

Früher hatte sie ihn geneckt, weil er partout nicht zu Facebook wollte. Dass es nun einen Zwang gab, das soziale Netz zu nutzen, war ihr allerdings auch nicht recht. Aus ihrer beruflichen Erfahrung wusste sie, auf welche Informationen über eine Person sie zugreifen konnte. Und sie zweifelte, ob es nicht ein wenig zu viel wurde mit der Überwachung.

So stellte sie der Widerstandsgruppe um ihren Mann hin und wieder einen tragbaren Rechner, lieh ihnen ihr Auto, besorgte mal ein Mittagessen für alle. Sie konnte das mit beruflichen Gründen vertuschen. Ihr war allerdings bewusst, dass sie sich damit am Rande der Illegalität bewegte. Wenn sie aufflog, würde nicht nur die Hochzeit ihres Ältesten platzen.

Totale Unfreiheit

Wie Elke dachten in jüngster Zeit einige. Die Kraken hatten den Bogen überspannt. Der günstige Kredit von Amazon, die schnelle Lieferung via Google, ein geregeltes soziales Leben dank Facebook, das war die eine Seite, die angenehme.

Aber zu welchem Preis? Eigenständige Entscheidungen konnten so gut wie keine mehr getroffen werden. Die Kraken steuerten das Leben, und zwar so, dass für die Unternehmen möglichst viel Profit dabei herumkam. Das Wohlergehen der „Nutzer" war nur so sehr von Bedeutung, wie sich der Bauer um die Kühe kümmert oder der Hirte um die Schafe.

Der Output stand an oberster Stelle.

Nun, wenn das nach einer breit angelegten Widerstandsbewegung klingt, muss ich enttäuschen: Die Unzufriedenheit war groß vor allem bei jenen aus der mittleren Generation, jenen, die ihre Lebensträume platzen sahen. Die Älteren zehrten überwiegend von dem, was sie angehäuft hatten, bevor die Kraken an die Macht gelangten. Die Jungen wiederum kannten nichts Anderes. Die Erzählungen ihrer Eltern und Großeltern schienen ihnen wie aus einer fremden Welt. Wirklich eine bessere Welt? Vieles schien schlechter.

So war doch damals vieles komplizierter gewesen, die undurchschaubare Anzahl an Firmen beispielsweise, die Informationsflut oder die kriegerischen Auseinandersetzungen zwischen Staaten. Bis auf einige Nischen hatten die Kraken das Wirtschaftsleben im Griff. Streitigkeiten wurden heutzutage per Algorithmus gelöst. Der Gewinner stand nach wenigen Klicks fest. Geld für kostspielige Kriege hatte niemand mehr – und war so etwas nicht zum Wohl der Jugend?

Die Kraken hatten die Gesellschaft gespalten: Alles lief auf eine Auseinandersetzung der Generationen hinaus. Die einen, die an früher glauben; die anderen, die das Heute bevorzugten. Die Dritten standen dazwischen, die sich nicht mehr zuständig fühlten – und vieles, was inzwischen Realität ist, durch ihre falschen Entscheidungen ermöglicht hatten.

Für umwälzende Veränderungen war es in vielen Feldern zu spät. Zu lange hatte man die Kraken gewähren lassen, war vom Guten im Menschen ausgegangen. Lautete das Motto von Google nicht bis weit ins 21. Jahrhundert: Don‘t be evil? Dieses Motto war längst vergessen.

So würde letzten Endes kaum ein Weg daran vorbeiführen, dass Mark Zuckerberg der nächste, der 46. Präsident der Vereinigten Staaten werden würde. Mit seinen 41 Jahren war er der jüngste Amtsinhaber, jünger noch als Theodore Roosevelt, der weit mehr als ein Jahrhundert vor ihm die Macht im Alter von 42 Jahren übernommen hatte.

Was würde unter Zuckerberg auf die Menschen zukommen? Einerseits hatte sein Unternehmen in so vielen Bereichen des öffentlichen und privaten Lebens schon so viel Macht angehäuft, dass auch die Präsidentschaft des Konzernchefs keinen Unterschied mehr machen würde. Andererseits war ein Verschmelzen von Unternehmertum und Politik wie in den Vereinigten Asiatischen Staaten denkbar.

Nach dem Zusammenbruch des kommunistischen Systems war es dort nur dem umsichtigen Verhalten von Jack Ma zu verdanken, dass das Land nicht in einzelne Teile zersplitterte. Wie viele seiner US-Kollegen hatte es der Gründer mehrerer Internetkonzerne zum Selfmade-Milliardär gebracht. Seinen Einfluss übte er über die Online-Marktplätze Alibaba und Taobao aus. Auf diesem Wege hatte er eine ähnliche Informationsfülle über asiatische Nutzer gesammelt wie die Kraken aus den USA. Im Wesentlichen war Ma noch in der östlichen Hemisphäre tätig. Durch kleinere Zukäufe hatte er sein Machtgebiet nach und nach ausdehnen können.

Als sich das kommunistische System in China außer Stande sah, die wachsenden Spannungen im Lande in den Griff zu bekommen, schmiedeten Ma und das Regime eine Übergangsregierung. Das marode Japan schloss sich mit einigen kleineren asiatischen Staaten an. Die Aussicht, die Wachstumsprobleme der Region auf einen Schlag in den Griff zu bekommen, war zu verlockend. Zwar mussten sich die Japaner stärkeren Einschränkungen unterwerfen, so wurde die Reisefreiheit eingegrenzt, es galten ähnliche Frondienste wie in Deutschland von Google bekannt; eine Erleichterung dafür war das neue Regime für die leidgeprüften Chinesen. Ma gab ihnen Halt, ihrem Hang zu Internetvergnügungen neue Nahrung. Und schlechter als früher war es dort auf keinen Fall.

Analog würden sich die Änderungen für die USA mit einem Sieg von Zuckerberg wohl auch in Grenzen halten. Im Gegenteil: Reibereien zwischen Staat und Web-Kraken würden schrumpfen. Die Bevölkerung hätte wieder das Gefühl, dass die Politik aus einem Guss wäre.

So jedenfalls dachte das Gros der Amerikaner.

Herbert Müller brachte das der Verzweiflung nahe.

Die Zukunft, so nah

Wie gefällt Ihnen diese wahrlich schöne, neue Welt? Erkennen Sie, warum ich unsere Zukunft nicht heute oder morgen darstelle, sondern einen Blick ins Übermorgen gewählt habe? Wie anders unser Leben im Jahr 2025 aussehen wird, wie sehr wir von den Kraken gesteuert werden, wie wenig wir letzten Endes noch selber entscheiden dürfen. Es ist erschreckend, ja, beängstigend.

Kritiker werden einwenden, das sei nur Science Fiction, die ich hier zu bieten habe, billige Tricks. Ebenso gut hätte ich ein positives Szenario wählen können. In der Tat: Es wird noch ein positiver Ausblick folgen – den wir aber nur erreichen, wenn wir nicht wie gewohnt die Hände in den Schoß legen. Und: Nein, natürlich habe ich nicht mit Tricks gearbeitet, sondern mit Szenarien. Science Fiction nimmt für sich nicht in Anspruch, einen Bezug zur Realität zu haben. In Zukunftsromanen können wir fliegen, leben unter Wasser und auf fernen Planeten. Das mag möglich sein, und das Genre zieht ja gerade seine Faszination aus dem Umstand, dass wir uns eine solche Zukunft, so sehr sie auch in weiter Ferne zu sein mag, vorstellen können. Es muss allerdings nicht zwangsläufig einen Bezug zu unserer Realität geben. Einen solchen konstruieren wir beim Lesen des Romans.

Mit dem Szenario, das Sie gerade gelesen haben, liefere ich keine Science Fiction. Viel mehr zeichne ich ausschließlich – und ich wiederhole mich in diesem Punkt gerne: alleine und ausschließlich – Entwicklungen auf, die sich heute schon abzeichnen. Lassen Sie mich einige Beispiele nennen, um das Beschriebene noch deutlicher zu machen.

Mark Zuckerberg als Präsident der Vereinigten Staaten. Eine absurde Vorstellung, oder? Ich teile Ihre Ansicht, aber wer wie ich Ronald Reagan in jungen Jahren durch die Prärie hat reiten sehen, hätte nie gedacht, dass der schießwütige Schauspieler dort auf der Leinwand, meist in billigen Produktionen, einmal der 40. Präsident der Vereinigten Staaten werden würde. Mehr noch: Für viele konservative Amerikaner gilt Reagan noch immer als einer der besten Präsidenten der USA jemals.

Reagan hat sich seine Hollywood-Popularität geschickt zunutze machen können. Ähnliches gilt für Arnold Schwarzenegger. Der Bodybuilder aus Österreich hat es bis zum Gouverneur von Kalifornien gebracht. Wer weiß, ob er als Amerikaner nicht noch weiter hätte kommen können trotz der Pleite in Kalifornien.

Was spricht also dagegen, dass Zuckerberg ähnliches gelingt? Warum sollte er nicht zum Präsidenten der Vereinigten Staaten von Amerika aufsteigen? Eine erfolgreiche Filmstory hat es mit Facebook schon gegeben. Sehen wir Daten wirklich als Währung an, gilt weiter, dass wir Geld, also Vermögen, mit Macht gleichsetzen – welcher Mensch ist dann mächtiger als Mark Zuckerberg? Höchstens ein Larry Page kann es mit ihm aufnehmen, der Chef von Google. Der allerdings hat Probleme mit seiner Gesundheit. Deshalb habe ich seinen Erzrivalen zum Präsidentschaftskandidaten erkoren.

Niemand verfügt weltweit über eine solche immense Sammlung an persönlichen Informationen wie Mark Zuckerberg. Mag er sich offiziell an die Datenschutzbestimmungen halten, die in den USA freizügig genug sind, um allerlei Unheil anzurichten – wer weiß schon, was hinter den Mauern der Facebook-Rechenzentren läuft?

Mit den Informationen über die inzwischen weit mehr als eine Milliarde Nutzer könnte Zuckerberg besser als jeder andere seine Wahlwerbung auf die Bedürfnisse der Wähler abstimmen. Ich sage bewusst „könnte". Wir wissen es nicht.

Der Handel – Groß- wie Einzelhandel – ist in meinem Szenario in den Händen nur noch weniger Internet-Multis. Wie realistisch ist das? In meinen Augen denke ich nur einen offensichtlichen Trend weiter. Das Interesse der Web-Konzerne an der realen Welt habe ich bereits gezeigt, ebenso die Neugier der Kunden auf die Verknüpfung von Online- und Offline-Welten. Was also liegt näher, als diese beiden Erkenntnisse zusammenzuführen?

Die Online-Giganten haben das Geld, um Offline-Unternehmen zu kaufen. Auf der Suche nach Wachstum ist es nur eine Frage der Zeit, bis sie diesen Schritt nicht nur mit Pilotprojekten wagen, wie dies heute der Fall ist. Schon bald werden die Kraken ihre Fühler in die wirkliche Welt ausstrecken. Für mich keine Frage. Erst vor kurzem hat Jeff Bezos die ehrwürdige Washington Post gekauft. Privat, so sagt er. Ja richtig, es ist der Bezos, dem auch Amazon gehört.

Werfen wir doch noch einen Blick auf die nächste Entwicklung in meinem kurzen Ausblick auf die Zukunft, die uns droht: beispielsweise die persönliche Begrüßung von Elfriede Müller durch einen Roboter beim Einkauf.

Es sind nur drei Entwicklungen, die ich zusammenfasse und die schon bald zur Umsetzung können: die Fortschritte in der Robotik, in der Gesichtserkennung und natürlich bei Big Data, dazu gleich mehr.

Wir alle haben schon die Bilder der meist niedlich aussehenden Roboter in Nachrichtensendungen gesehen. Die Rede ist dann meist von erstaunlichen Fortschritten der Maschinen. Wenn sie wie ein Mensch auf zwei Beinen gehen können etwa oder sich spinnengleich über Treppen hinweg fortbewegen. Vor allem in Asien beschäftigen sich Forscher mit dem Thema, dort sind die Hemmschwellen gegenüber Robotern traditionell niedriger, aber auch bei uns arbeiten Wissenschaftler daran. Unter dem Schlagwort „Assisted Living“ gilt das Thema als einer der Megatrends.

Unsere Gesellschaft altert, das ist bekannt. Gleichzeitig fehlen Pflegekräfte und viele Senioren wollen so lange wie möglich in den eigenen vier Wänden wohnen bleiben. Was also liegt näher, Humanoide zu entwickeln, menschenähnliche Roboter. Die Arbeiten sind weit fortgeschritten. Meiner Ansicht wird es im Jahr 2025 jede Menge solcher Helfer geben, die uns zum einen bei Hausarbeiten unterstützen.

Selbstverständlich wird ein solcher Roboter über jede Menge Sensoren verfügen, mit denen er mit seiner Umwelt in Kontakt treten kann. Kameramodule übernehmen das Sehen. Das Gerät wird die Informationen, die er wahrnimmt über Internet mit riesigen Datenbanken abgleichen – hier kommt Big Data ins Spiel.

Im Moment müssen wir uns ehrlich gesagt wenig Sorgen um die Daten machen, die bei den Web-Kraken liegen. Die Auswertungsmöglichkeiten der Unternehmen sind noch bescheiden. Wenn es den Gesellschaften aber einmal gelingen sollte, aus den Daten Informationen zu gewinnen, dann kann sich alles in kurzer Zeit schlagartig ändern.

Amazon macht so etwas schon im Ansatz. Viele von uns kennen den Hinweis auf andere Produkte, wenn wir etwas gekauft haben. Wer Produkt A erworben hat, wählte mit einer gewissen Wahrscheinlichkeit auch Produkt B. Amazon zeigt uns das auf, natürlich um den eigenen Umsatz zu steigern. Dazu empfiehlt uns das Online-Warenhaus bestimmte Waren aufgrund unserer Einkaufshistorie. Unheimlich manchmal, aber letztlich doch harmlos.

Unter dem Stichwort Big Data arbeiten Entwickler weltweit gerade daran, die Datenbestände systematisch zu erfassen und auszuwerten. Dann werden Daten wirklich zur Währung: Das Unternehmen, das den größten Datenschatz besitzt, wird Sieger im Wettschwimmen der Kraken.

Wenn wir nur alle drei Entwicklungen gesamthaft betrachten und weiterspinnen: Dann werden Verkaufshilfen, die Amazon heute schon im Netz probt, in der wirklichen Welt Einzug halten – automatisiert und kostengünstig für den Anbieter über einen Roboter. Und persönlich auf den Kunden zugeschnitten dank der Daten aus der Gesichtserkennung und der Informationsspuren, die schon jetzt für die schöne, neue Welt überall aufgezeichnet werden oder aus den neuen Einkauf Apps, die insbesondere auf lokale Angebote hin optimiert werden.

Und die Amazon-Drohne? Diesen Schritt hat Amazon-Chef Bezos schon Ende 2013 angekündigt. Ein solcher Dienst wird also 2025 zum Repertoire der Handelskrake gehören, wenn auch bestimmt gegen Aufpreis, so wie ich Amazon einschätze. Die Deutsche Post testet die Drohne auch. Und vor kurzem ist ein Urteil ergangen, dass die Drohnen nicht nur getestet werden dürfen. Es gibt schon erste Regeln, welche, wann und wie heute fliegen dürfen. Am weitesten wage ich mich wahrscheinlich vor, wenn ich das Ende des Privatbesitzes ausrufe und eine Rückkehr zum „Frondienst“ vorhersage – dieses Mal nicht im Dienst von mächtigen Alleinherrschern ... Moment – eigentlich auch das, denn wie sehr unterscheiden sich die mächtigen Herren und wenigen Frauen an der Spitze der Web-Kraken von den Feudalherrschern des Mittelalters?

Beide leben in Prunk, die einen leisten sich ein beeindruckendes Schloss, die anderen eine ausgefallene Villa in Kalifornien. Die einen reisen mit prächtiger Equipage, die anderen nicht weniger beeindruckend im Privatjet. Und beide interessieren sich in keiner Weise für das, was das Volk kümmert.

Wie weit sind wir nun entfernt von finanzieller Unfreiheit und Frondienst? Wenn wir es genau betrachten doch nur einen Schritt. In Folge der Staatsschulden- und Finanzkrise haben sich die westlichen Staaten über alle Maßen verschuldet. Generationen werden in Unfreiheit leben, weil sie für diese Verbindlichkeiten mit ihrer Arbeitskraft geradestehen müssen. Web-Kraken haben die Mittel, um einen Großteil dieser Schulden auszulösen. Auf dem Höhepunkt der Krise war Apple so viel Wert wie alle in Spanien und Griechenland an der Börse notierten Gesellschaften – zusammen.

Sie haben richtig gelesen: Ein einziges Unternehmen wurde der Wert der wichtigsten Unternehmen von drei gestandenen Volkswirtschaften zugemessen. Welch ein Wahnsinn.

Im Frühjahr 2013 hatte Google 50 Milliarden Dollar auf der hohen Kante, Apple gut doppelt so viel. Geld, für das die Unternehmen kaum eine Verwendung finden. Apple beispielsweise schüttet einen Teil an die Aktionäre aus, einfach so, weil es dem Konzernmanagement offensichtlich an Ideen mangelt, was sich sonst mit dem Kapital anstellen lässt.

Wenn die Kraken uns nun auslösen aus dem Dilemma der überbordenden Staatsverschuldung, spricht doch nichts dagegen, dass wir eine Gegenleistung erbringen. Meinen Sie nicht auch? Natürlich würde so etwas nicht Frondienst heißen. Es wäre aber ein Weg, den Schuldenkreislauf zu durchbrechen und den Web-Kraken auf einfache Weise zu weiterem Wachstum zu verhelfen.

Und wie weit sind wir doch schon auf dem Weg vorangekommen, uns vom Privateigentum zu verabschieden. Von der Share-Economy ist allenthalben die Rede: Wir teilen unser Haus, unser Auto, unsere Haustiere. Ich will das im Grundsatz gar nicht verdammen. Natürlich braucht gerade in den Großstädten nicht jeder einen eigenen Wagen. Da ist es nur folgerichtig, dass wir andere Wege finden.

Aber dieser Gedanke muss weitergedacht werden.

Google hat sich im Jahr 2013 für 125 Millionen Dollar an Lending Club beteiligt. Das junge Unternehmen will nach Aussagen seines Chefs Renaud Laplance das Finanzsystem auf den Kopf stellen. Die Plattform vermittelt Geld von privat an privat. Jeder kann sich über diese Internetplattform Geld von jedem leihen. Bestimmt kauft sich Google nicht aus purer Menschenfreundlichkeit in ein solches Unternehmen ein.

Der Krake kann auf diesem Weg vergleichsweise günstig an das Know-how gelangen, das sonst nur Banken vorbehalten ist, um so die nächste Attacke vorzubereiten.

Mitten im Epochenwandel

Wir befinden uns mitten in einem Epochenwandel und müssen selbst entscheiden, wer diesen gestaltet. Bisher greifen die Webkraken Google, Facebook & Co. unmittelbar in unsere Freiheit ein. Sie wählen vorher aus, welche Informationen oder Quellen wir erhalten. Wir haben davon geträumt, dass das Internet als Netz ein sehr liberales Medium ist. Letztlich werden aber durch die Algorithmen der großen Suchmaschinen und die sog. sozialen Netze bis hin zu den Empfehlungen bei Amazon nach unterschiedlichsten Filtern personalisierte Ergebnisse auf den Nutzer bezogen übermittelt werden. Es sind „Judging Machines“, die nur noch das zulassen, was zu unserem vermeintlichen Profil passt. Dafür bezahlen wir mit unseren Daten.

Umso leichtfertiger ist es, wie nach wie vor der Großteil der Bevölkerung mit diesen Daten umgeht. Es fehlt immer noch an Bewusstsein und Bildung in diesen Bereichen. Das Erodieren der Geschäftsmodelle für die klassischen Medienhäuser, insbesondere die Zeitungsverlage hat schon zu vielfältigsten Zusammenschlüssen und Reduktionen im redaktionellen Bereich geführt. Dieser Prozess wird sich fortsetzen. Mit den vermeintlich immer größeren Möglichkeiten, etwas zu wählen, steigt zum einen der Druck des Einzelnen zu erkennen, was für ihn wichtig und richtig ist, ohne dass er hierzu verlässliche Leitlinien erhält. Er versucht dadurch alles „online“ zu entscheiden oder entscheiden zu lassen. Die Aneinanderreihung von Belanglosem, weniger Belanglosem und Wichtigem verstärkt zudem den Eindruck, dass vieles nicht so wichtig, wenn nicht beliebig ist. Bei der Masse an Überflüssigem, mit dem wir online überschwemmt werden kein Wunder.

Klassische Massenmedien sorgen künftig immer weniger für Verbindlichkeit von Informationen und Meinungen. Wir erleben dafür ein Anwachsen individualisierter, recherchierter Mitteilungen und unkontrollierter Emotion, getarnt als Meinung. In Blogs, sog. sozialen Netzen und Plattformen im Internet äußern sich alle, die sonst kein oder nur wenig Gehör finden. Vieles ist unsubstantiiert, findet aber gleichwohl Gehör. Wie schafft es diese Gesellschaft, wieder aus der individuellen zur verbindlichen Kommunikation zu finden? Wie kann in einer immer stärker individualisierten Gesellschaft mit immer schwächerer Bindungskraft von Großorganisationen, einem sinkenden Bildungsniveau, einer immer stärker gefilterten Information durch digitale Kanäle und Angebote, Verbindlichkeit für die richtigen Ziele dieser Gesellschaft erreicht werden?

Gehen wir weiter so oberflächlich und fahrlässig mit den Veränderungen um, werden wir ein großes Stück unserer Freiheit und auch unserer Unabhängigkeit verlieren.

Nach unserer Verfassung und dem allgemeingültigen Verständnis des Wertes Freiheit, gleich ob aus der französischen Forderung der Bürgerrechte: liberté, egalité, fraternité oder aus unserer Verfassung und dem Text unserer Nationalhymne dem Streben nach Einigkeit und Recht und Freiheit hergeleitet, geht es immer darum, einen Raum für den Einzelnen zu schaffen, der ihm die Gedanken und Meinungsfreiheit jenseits staatlicher Gewalt ermöglicht und ihn vor Unterdrückung durch die Gewalt anderer schützt. Dafür gibt es bei uns die Gewaltenteilung und in ihr ein Rechtssystem, das neben dem politischen System unabhängig bleiben muss.

In einer Demokratie entscheidet die Mehrheit, welchen Weg sie wählt. Insbesondere in den letzten 30 Jahren haben wir in Deutschland einen Wohlstand erreicht, der noch in den 60er Jahren als unvorstellbar galt. Wir haben uns daran gewöhnt, dass alles von selbst funktioniert. Wir geben nur gelegentlich Beschwerden ab, was uns besonders stört. 70% der Deutschen sind nach letzten Umfragen sehr zufrieden bzw. nicht unzufrieden mit dem letzten Jahr. Haben wir in den letzten Jahrzehnten begonnen Zufriedenheit mit Freiheit zu verwechseln? Und wodurch wird die Freiheit bei uns ermöglicht? In einer Gesellschaft, die eine größtmögliche Freiheit, der Weltanschauungen, Religionen, politischen Überzeugungen und der Meinung garantieren möchte, gehören klare Regeln, die einzuhalten sind und auch Sanktionen, wenn sie nicht eingehalten werden. Das bedeutet, Freiheit geht einher mit der Übernahme von Verantwortung: Das eigene Handeln ist unabdingbar mit Konsequenzen verbunden, für die es einzustehen gilt. Das Prinzip von

Freiheit und Verantwortung, das schon George Bernhard Shaw so kennzeichnete „Liberty means responsibility“ geht jeden Einzelnen an. Es lässt sich nicht auf staatliche oder gesellschaftliche Einrichtungen delegieren. Ein Bewusstsein zu gewinnen, dass Freiheit neben der Toleranz Disziplin verlangt und dass die Freiheit des Einzelnen da enden kann, wo sie zu einer Begrenzung der Freiheit eines anderen führt und dass es Regeln und Abwägungen gibt, die nicht beliebig verschiebbar sind, muss von vielen augenscheinlich erst oder wieder neu gelernt werden.

Das Bekenntnis zur Freiheit und den demokratischen Grundwerten, die sie sichern, haben sich alle Staaten in Europa gegeben. Dieses Verständnis von Freiheit ist die Grundlage unseres Zusammenlebens. Unsere Meinungsfreiheit ist aber nur gewährleistet, wenn es verbindliche Qualität der Recherche, Berichterstattung und Gegenüberstellung von Meinungen gibt. Es muss sich auch jedermann äußern dürfen, ohne um sein Leben fürchten zu müssen. Natürlich darf man nicht alles fordern. Die Grenzen sind durch Gesetz festgeschrieben und müssen immer wieder in einer lebendigen Demokratie klar artikuliert und durchgesetzt werden. Jeder, der glaubt, sich mit Gewalt durchsetzen zu müssen, gehört nicht zu unserem System. Ebenso wenig jeder, der diese Haltung aktiv oder passiv unterstützt.

Aber auch eine mediale Welt, die maschinengestützt Informationen filtert, selektiert und Wichtiges mit Belanglosem mischt, uns überwacht, ausspäht, alles was wir tun aufzeichnet und konsequent bewertet und beurteilt, den Menschen also veranlasst, sich in einer reinen Konsum- und Bewertungsgesellschaft zu bewegen, gesteuert von Maschinen und Algorithmen, hat nichts mit unserer Vorstellung einer demokratischen und freien Gesellschaft zu tun. Und nicht alles ist zu verteufeln: Präventive Maßnahmen zur Sicherheit sind sinnvoll und wichtig. Nicht alle Speicherungen von Daten und das Überwachen von öffentlichen Räumen und wichtigen Einrichtungen sind zu brandmarken.

Wir gestehen dem Staat aber mittlerweile viel weniger zu als den großen Web-Kraken. Diesen geben wir zum Teil freiwillig alle unsere Daten. „Big Data“ heißt das Stichwort. Durch Auswertung möglichst vieler Daten sollen Erkenntnisse für Wissenschaft und Gesundheit geliefert werden. Aber dahinter steckt natürlich zuvorderst ein gigantisches Geschäft. Wer die Daten hat, entscheidet über die Märkte der Zukunft. Und wir selbst verursachen selbst einen Großteil dieser Entwicklung. Wir lassen zu, dass die Webkraken Gewohnheiten, Verhaltensregeln, Bewegungen und auch die Daten unseres Körpers aufnehmen, speichern und ausdeuten. Die Uhr von Apple zeichnet alles auf, was an unserem Körper gemessen werden kann. Google Glasses (die verbessert wiederkommen werden) folgt der Bewegung unserer Augen und deutet, wofür wir uns vermeintlich interessieren, in Verbindung mit der Gesichtserkennung auch: welche Person wir ansehen, welche Menschen uns interessieren und wie wir auf sie reagieren. Unser Kühlschrank, die Heizung, unsere Fensterläden, die Bildschirme, das Bügeleisen und eine Vielzahl anderer Gegenstände, die miteinander kommunizieren, übermitteln unzählige Informationen aus unserem Alltag an Algorithmen, die daraus errechnen, bewerten, vorschlagen und empfehlen, was wir zu konsumieren und was wir zu tun haben.

Natürlich bemüht sich der Staat um Regelungen, die eine Unmündigkeit verhindern sollen. Es gibt immer noch den Datenschutz, Vorschriften zum Urheberrecht zur Privatsphäre und mehr. Ob sie allerdings noch wirksam sind, erscheint aufgrund der rasanten Entwicklung fraglich. Sie ersetzen aber vor allem nicht die Verantwortung des Einzelnen. Aufgabe des Einzelnen in der Gesellschaft ist es, nicht nur Fehlentwicklungen zu erkennen und auf Fehlentwicklungen hinzuweisen, sondern auch etwas im Rahmen seiner Möglichkeiten dagegen zu tun. Nicht nur etwas zu sagen, sondern auch im Alltag zu leben scheint eine der wichtigsten Aufgaben sein. Wir beklagen uns, dass der Einzelhandel aus unseren Innenstädten verschwindet. Aber wir bestellen unsere Bücher und Kleidung bei Amazon und kaufen bei den großen Discountern ein oder lassen uns auch bei Lebensmitteln online beliefern. Wir achten auf jeden Cent und bemerken nicht, wie teuer wir mit unseren Daten zahlen.

Die großen gesellschaftlichen Veränderungen stehen bei uns leider nicht im Focus. Wo wird über die Zukunftsszenarien gesprochen – außer in einem Spartensender wie Arte oder 3Sat? Die Talkshows unserer Tage beschäftigen sich mit völlig anderen Themen. Uns geht es zu gut und wir sind zu satt. Zu sehr sind wir mit den Nöten beschäftigt, die aus den sehr guten Geschäftsmodellen resultieren, die wir haben. Deutschland ist eine der stärksten Industrienationen. Deutschland ist ein freier und offener Staat. Wir sind reich. Wir haben fast Vollbeschäftigung. Wir haben nur zu wenige Kinder. Wie können wir echte Freiheit des Einzelnen garantieren? Wie gelingt es uns, die Freiheit des Einzelnen und die Verantwortung hierfür nicht mit der Zufriedenheit jedes Einzelnen zu verwechseln? Die Freiheit betrifft unsere demokratischen Grundwerte. Unsere Freiheit beruht auf einer Wertenomenklatur, zu der sich jeder bekennen muss, der unsere Freiheitsrechte in Anspruch nimmt. Aber wir müssen uns auch den Herausforderungen durch die Veränderungen der neuen digitalen Welt stellen. Wir dürfen uns den notwendigen Anpassungen nicht verschließen. Die technologischen Entwicklungen sind unumkehrbar. Es wird alles kommen, was technologisch machbar ist. Damit ist aber noch nicht entschieden, wann und wie es kommen wird. Wir haben es selbst in der Hand - durch unseren bewussten Umgang mit den Herausforderungen - diese selbst zu gestalten und den Rahmen vorzugeben und auch Grenzen zu setzen. Vielleicht ist dies sogar die Herausforderung für Europa in dem Änderungsprozess, ein eigenes Profil zu gewinnen? Wir können in Europa durch eigene Grundsätze, Werte und ethische Maßstäbe für eine Umsetzung sorgen, die unsere Eigenständigkeit und Bedeutung unterstreicht.

Der Epochenwandel ist in vollem Gange. Betrachten wir die Szenarien, wird deutlich, was sich alles grundlegend verändert. Es muss zwar nicht alles so eintreten, aber selbst wenn nur ein Bruchteil stimmt, wird es unser bisher selbstbestimmtes Leben in gedanklicher und gestalterischer Freiheit von Lebensbedingungen, Kleidung, privater Orientierung und gesellschaftlicher Offenheit nicht mehr geben. Wenn Maschinen und Algorithmen uns die meisten Entscheidungen abnehmen, wenn wir durch „Big Data“ als Einzelner erkennbar werden und erkannt bleiben und nur noch vorausgewählte Lösungen erhalten, muss dies als Epochenwandel bezeichnet werden. Die scheinbar unbegrenzte Flut an Daten führt zu immer besseren Vorhersagen, aber auch zur Vorausbestimmung von Verhalten und Entscheidungen, sei es im Finanz- oder sei es im Gesundheitswesen.

Wir müssen aber nicht alles bedenkenlos hinnehmen und alles abnicken, um nicht im Wettbewerb zurückzufallen. Im Gegenteil. Wir müssen unseren eigenen Weg finden und den Wandel selbst gestalten. Nur unser eigener Weg lässt uns die Möglichkeit, etwas von dem zu erhalten, was uns wichtig erscheint. Hat der Epochenwandel ohne unser Zutun stattgefunden, sind wir nur wie ein Annex in der von anderen für uns gestalteten digitalen Welt. Die Regeln und die Prozesse werden von anderen bestimmt und gelenkt. Wir kommen nur noch als Konsumenten vor.

Wir können auf unsere fast grenzenlose Freiheit sehr stolz sein und für sie weltweit werben, sowohl für die Freiheit der Religionen als auch die jedes einzelnen Menschen in unserer Gesellschaft. Unser Handeln muss sich diesem Bewusstsein anpassen und sich in diesem Epochenwandel ebenfalls noch als verantwortungsvoll erweisen.

Lassen Sie uns der Digitalen Attacke mit einer eigenen Antwort wettbewerbsorientiert, aber mit Regeln von Demokratie und Ethik begegnen, gekennzeichnet von Verantwortung und Freiheit. Lassen Sie uns in Europa wettbewerbsfähig bleiben und die Veränderungen so gestalten, dass auch unsere Kinder und Enkel die Vorzüge unseres demokratischen und freien Systems genießen können.

Handeln. Jetzt!

Meiner Ansicht nach ist es noch nicht zu spät, um den Entwicklungen Einhalt zu gebieten. Wir als Kunden müssen uns unserer Macht bewusst sein, zum Beispiel indem wir entscheiden, wann und wo und wie wir einkaufen. Die Politiker müssen an Tempo gewinnen und Entwicklungen langfristig beurteilen – und dementsprechend handeln. Hiesige Unternehmen müssen das Denken im Kleinklein aufgeben, um sich mit der Stärke, die sie noch haben, gegen die Web-Kraken zu stemmen. Unsere Wissenschaftler sollten wieder lernen, sich auf die Grundlagen zu konzentrieren.

Es gibt eine Menge zu tun. Derzeit schauen wir wie das Kaninchen auf die Schlange. Eine solche Strategie hat selten Wunder bewirkt. Und sie wird mit Sicherheit fehlschlagen angesichts der Herausforderung, die auf uns zukommt.

Noch können wir gegensteuern. Und lassen Sie uns lieber heute als morgen anfangen mit der Gegenwehr.

Wir haben schon zu viel Zeit untätig verstreichen lassen.

Zeit zum Nachdenken

Mir ist es wichtig zu zeigen, dass die Alltäglichkeit unserer Nachlässigkeiten den Weg bereitet für ein Leben in Unfreiheit. Zunächst ist es nur die Hightech-Brille Google Glasses, die wir uns aufsetzen lassen, um unseren Freunden zu imponieren. In einem weiteren Schritt wundern wir uns, was Google schon alles weiß. Und letzten Endes haben wir die Hoheit über unser Wissen, unser Know-how abgegeben.

Die Entwicklung, die über Jahre betrachtet dramatische Folgen für uns haben wird, hat längst begonnen.

Würde ich Ihnen nur die Todsünden aufzeigen, würden Sie mir zu Recht eine destruktive Art nachsagen. In einem solchen

Werk wie diesem genügt es nicht, nur auf die Probleme zu zeigen. Es geht um Lösungen. Und es geht auch darum, was wir tun müssen.

Die beiden einfachsten Wege habe ich schon erwähnt: Die Politik muss einen Ordnungsrahmen für die Kraken schaffen, jeder einzelne von uns muss ein Bewusstsein für die Bedrohung entwickeln. Damit will ich gar nicht schärferen Gesetzen das Wort reden. Mir würde es fürs Erste genügen, wenn sich die Kraken an bestehende Rechte halten würden.

Wissen Sie zum Beispiel, wieso wir hier zu Lande kein Medienunternehmen haben, das nur annähernd eine Machtfülle wie Google auf sich vereint?

Schlicht, weil dies unsere Gesetze verbieten.

Niemand darf in diesem Lande innerhalb der Medienbranche eine beherrschende Stellung durch externes Wachstum erwerben. Damit soll die meinungsbildende Funktion der Medien vor Missbrauch geschützt werden. Auch Werbekunden sollen auf diese Weise nicht zu Schaden kommen. Sie könnten auf nur einen Anbieter und dessen Preismacht angewiesen sein – so wie im Fall von Google. Neun von zehn Suchanfragen in Deutschland laufen über die US-Suchmaschine. Wer dort keine Werbung bucht, ist online verloren. Und wen oder was Google nicht findet, das existiert für viele doch gar nicht mehr. Trotzdem wird eine solche Machtkonzentration nicht untersagt.

Wer soll das verstehen?

Wir als mündige Bürger müssen uns solche Zusammenhänge bewusstmachen – dann können wir daraus unsere Schlüsse ziehen. Im Prinzip habe ich diese beiden Forderungen allerdings auch schon im ersten Buch „Wir klicken uns um Freiheit und Verstand“ aufgestellt.

Ausgehend von den fünf Todsünden lassen sich die Forderungen nach einem geltenden Rahmen und einem Bewusstsein der Gefahren vertiefen. Was brauchen wir? Eine nachhaltige Politik, mündige Kunden, mehr Unabhängigkeit, Zusammenhänge müssen erkannt und transparent gemacht werden, wir müssen auf unser Gewissen hören.

• Wir brauchen eine Politik der Nachhaltigkeit

Als Naivität habe ich unsere erste Todsünde bezeichnet. Ein Exempel steht für die Kurzsichtigkeit der Politik in Kommunen, auf Landes- und Bundesebene. Selbst auf Europaebene stellen wir doch bei unseren Volksvertretern eine Visionslosigkeit fest. Auf globaler Ebene findet eine koordinierte Zusammenarbeit nur ausnahmsweise statt. Also ein Leichtes für Apple, Google & Co., die Gesetze auszuhebeln.

Schlimmer noch: Auf allen Ebenen machen sich Politiker durch ihr unüberlegtes Handeln zum Handlanger der Kraken. Und wenn die Volksvertreter dann doch das Wort ergreifen, glänzen sie mit Unkenntnis in der Sache.

Als der Abhörskandal ausländischer Geheimdienste im Sommer 2013 an das Licht des Tages kam, meldeten sich selbstverständlich umgehend auch heimische Politiker zu Wort. Als Reaktion auf den Internet-Lausch-Skandal forderten die beiden Innenexperten Dieter Wiefelspütz (SPD) und Hans-Peter Uhl (CSU) in seltener Einigkeit eine deutsche Version von Google.

Hätten beide sich auch nur die Mühe gemacht, einmal zum Thema zu googlen, wäre ihnen unter den ersten Treffern aufgefallen, dass es so etwas schon mal gab.

Auf deutsch-französischer Ebene sogar sollte eine Suchmaschine namens Quaero etabliert werden. Das Projekt wurde in Deutschland unter dem Namen Theseus fortgesetzt. Insgesamt flossen nach Angaben des Bundeswirtschaftsministeriums 100 Millionen Euro in das Projekt. Ohne Erfolg. Offiziell ist das Projekt Theseus seit 2012 abgeschlossen, es wird ausgewertet.

Wir erinnern uns, nur zum Vergleich: Google genügte vom Deutschen Bechtolsheim als Startfinanzierung ein Scheck über 100.000 Dollar.

Festhalten lässt sich heute bereits, dass Theseus „1700 konkrete Ergebnisse“ eingebracht hat. Darunter waren 130 Prototypen, 60 Patente, 19 Standardisierungsinitiativen, fünf Existenzgründungen und 900 Publikationen.

„Ein deutsches Google allerdings war nicht dabei“, schreibt süffisant Stephan Dörner, Technikjournalist der deutschen Ausgabe des Wall Street Journal.

Innovation lässt sich nicht von oben herab verordnen. Unsere Politiker müssen den Rahmen schaffen, dass sich neue Ideen entfalten können, durch transparente Regeln in der Steuergesetzgebung etwa oder eine gezielte Standortpolitik, die jungen Unternehmen eine erste Infrastruktur zum Beispiel in Form schneller Internetanschlüsse bereitstellt. Sie sollten sich aber doch bitte nicht direkt in den unternehmerischen Prozess einmischen. Beim Aufbau der Unternehmen sind dann die Industrie und die Kapitalgeber gefragt.

Es gab und gibt genug Beispiele, bei denen die Verquickung von Politik und Unternehmertum gründlich in die Hose gegangen ist. Beide Seiten müssen ihren Job machen: Die Unternehmer mit Innovationen im Wettbewerb bestehen, die Politiker den Rahmen dafür stecken. Wir brauchen Rahmenregelungen für den Schutz des geistigen Eigentums, der persönlichen Daten, Widerstand gegen Monopole, ein Verständnis von Märkten, das die digitalen Möglichkeiten mitdenkt, internationale Standards für Europa im Steuerrecht, aber auch Förderung von Innovationen und Offenheit gegenüber den neuen Entwicklungen und Techniken.

Nicht mehr ist gefordert. Aber auch nicht weniger.

Es gibt aber auch Politiker, die Mut machen. Seit Günther Oettinger EU-Kommissar für digitale Wirtschaft ist, wird das Thema Digitale Agenda anders behandelt. Mit Recht weist Oettinger immer wieder darauf hin, dass eine gemeinsame Strategie der 28 EU-Mitgliedstaaten erforderlich ist, um die Chancen der Digitalisierung zu nutzen und den Vorreitern in Amerika und Asien etwas entgegenzusetzen. Sein Petitum zu Datenschutz, Urheberrecht und Wettbewerbsregeln: „Wir brauchen europäische Regelungen, nicht nationale oder regionale Gesetze.“ Wie wahr.

- ## Wir brauchen mündige Kunden

Man stelle sich vor, unser Lieblingsbäcker am Dorfplatz führe genauestens Buch über unsere Vorlieben. Er weiß, wann wir bei ihm auftauchen, welche Semmeln und Kuchen wir am liebsten mögen, wann wir vielleicht etwas mehr bestellen, weil wir Besuch haben oder ein Geburtstag naht. Er behält diese Informationen allerdings nicht für sich. Um das Geschäft etwas anzukurbeln und sich ein zweites Standbein zu schaffen, steigt er in die Vermarktung dieser Daten ein. Ohne unsere Zustimmung.

Der geschäftige Bäcker hat bereits einige Abnehmer für die Datensammlung gefunden. So hat er den örtlichen Hotelier als Kunden gewonnen. Wir haben das durch Zufall bemerkt, als dieser uns gefragt hat, ob wir für den bevorstehenden Geburtstag nicht Räumlichkeiten benötigen würden oder Übernachtungsmöglichkeiten für unsere Gäste. Auch der Metzger macht sich Informationen des Bäckers zunutze. Er hat neulich bemerkt, dass wir für die Zahl der Semmeln, die wir allmorgendlich ordern, doch eigentlich vergleichsweise wenig Wurst bei ihm kaufen.

Wie würden wir wohl reagieren, auf einen solch offensichtlichen Vertrauensmissbrauch der Händler vor Ort?

Wir wären sicherlich nicht amüsiert. Wir würden sie gewiss zur Rede stellen. Vielleicht machten wir uns künftig sogar auf den Weg zum Supermarkt auf der grünen Wiese, denn dort gäbe es schließlich auch Bäcker und Metzger – wobei wir dann allerdings nicht sicher sind, wie viele Informationen diese Geschäft für wen genau bereits sammeln.

Sie verstehen, worauf ich hinauswill. Wieso machen wir einen Unterschied zwischen dem realen und dem virtuellen Leben? Facebook tut genau das, was der Bäcker im Beispiel versucht: Das soziale Netz macht unsere Informationen zu Geld. Ohne uns zu fragen. Ohne auf unsere Einwilligung zu warten. Ohne uns Einblick zu gewähren, was alles zu Geld gemacht wird. Und mit immer neuen Ideen, den Schatz aus den Informationen über uns zu heben.

Und Facebook sammelt nicht nur einfach Daten. Schon zuvor habe ich gezeigt, welche Schlüsse sich daraus ziehen lassen: Wer die Kosmetikmarke X bevorzugt, ist mit hoher Wahrscheinlichkeit homosexuell – das nur eine der Folgerungen, die möglich sind.

Bei einem Datenleck wurde bekannt, dass sich Facebook noch lange nicht mit den Informationen zufrieden gibt, die wir dem Unternehmen freiwillig zugestehen. Es existieren so genannte Schattenprofile, mit denen Facebook verfügbare Informationen mit anderen zu kombinieren sucht. So will das Unternehmen beispielsweise an unsere Telefonnummer gelangen, auch wenn wir diese Information explizit nicht oder nur verfälscht angeben.

Der Weg dahin ist vergleichsweise einfach: Jedes Mal, wenn ein Freund von uns der Facebook-App auf seinem Smartphone die Erlaubnis gibt, auf das telefoneigene Adressbuch zuzugreifen, werden diese Informationen automatisch mit den bei Facebook hinterlegten abgeglichen. So können wir uns nicht wehren. Es reicht, wenn einer unseren Bekannten, dem wir irgendwann einmal unsere Telefonnummer gegeben haben, Facebook den Blick ins Telefonbuch erlaubt, und sei es nur aus Unkenntnis oder Naivität.

Wie gesagt: Es war reiner Zufall, dass diese Gier von Facebook publik wurde. Hacker entdeckten das Datenleck und im Zuge dessen auch die Schattenprofile.

Facebook hat auch umgehend versprochen, das Leck zu schließen, so dass die Daten nun nicht mehr für jeden zugänglich sind. Das Unternehmen hat aber mitnichten Abstand von der Praxis genommen, solche Schattenprofile auch in Zukunft zu erstellen. Das wird weitergehen. Jetzt nur vor unseren Augen verborgen.

Alles das lässt sich in öffentlich zugänglichen, verifizierten Quellen lesen – und doch vermisse ich Berichte, dass die Nutzer in Scharen Facebook verlassen.

Ungeheuerliches, was wir uns im wirklichen Leben nie gefallen lassen würden, dulden wir scheinbar ohne Probleme im virtuellen Dasein. Das darf nicht sein.

Umso mehr das Digitale in unseren Alltag dringt, umso mehr müssen wir uns der Herausforderungen bewusst sein – und reagieren, wenn ein Unternehmen uns über das Ohr hauen will. Nichts anderes macht Facebook.

Wir müssen aus einem solchen Fehlverhalten eines Unternehmens unbedingt Konsequenzen ziehen. Wir müssen abwägen, was uns der Dienst von Facebook wert ist – und was er uns wirklich kostet.

Solange wir uns online herum schubsen lassen, gibt es überhaupt keinen Grund für Facebook, transparenter zu werden, sich an geltendes Recht zu halten oder gar den Datenschutz zu einem Unterscheidungsmerkmal gegenüber rivalisierenden Diensten zu machen.

Auch das wäre ja schließlich denkbar.

Google hat das versucht, bei seinem sozialen Dienst Google+ zwar nur, aber immerhin. Gedankt wurde es der Suchmaschine nicht. Google+ hat keine Chance gegen Facebook. Noch Fragen zum Thema Datenschutz?

Es liegt an uns. Wir haben Macht. Vergessen wir das nie.

• Wir brauchen mehr Unabhängigkeit

Wir dürfen nicht zulassen, dass sich frei gewählte Vertreter in einer Bundesrepublik des 21. Jahrhunderts in ihrer Meinungsbildung von Vertretern der Kraken so einfach beeinflussen lassen. An diesem Erbe werden wir alle nämlich noch Jahrzehnte zu tragen haben.

Wir brauchen den Mut, die Kraft und auch die finanzielle Unabhängigkeit zur eigenständigen Entscheidung, sei es im Politbetrieb oder in der Wissenschaft. Forscher müssen sich mit Grundlagen beschäftigen, die nicht nur um ihrer selbst erkundet werden, sondern die der Gesellschaft mittel- bis langfristig einen Nutzen bringen. Dann ist auch die Finanzierung der Wissenschaft sichergestellt. Und für die Wissenschaft muss es genügend Mittel geben. Nie waren die Haushaltskassen voller durch die Rekordsteuereinnahmen. Vielleicht müssen wir die Mittel nur richtig einsetzen?

So wie ich das Bewusstsein von jedem Einzelnen einfordere, wenn es um das Vordringen der Web-Kraken in unseren Alltag geht, so ziehe ich auch unsere Politiker, Wissenschaftler und Unternehmer in die Verantwortung.

Jeder muss sein eigenes Tun hinterfragen. Jeder.

Wir müssen uns vor unserem Gewissen und der Gesellschaft verantworten. Und vor sonst niemandem.

Wer der Krake heute den kleinen Finger reicht, wird morgen ohne Hand dastehen.

• Wir müssen die Zusammenhänge erkennen

Zum Zeitpunkt, als dieses Buch entsteht, lässt sich noch nicht absehen, ob das Aufdecken der Abhörpraktiken ausländischer Geheimdienste – allen voran des nordamerikanischen und des britischen – Folgen haben wird. Aber den Web-Giganten ist es bislang gut gelungen, das Problem von sich weg zu verlagern. Wir regen uns darüber auf, dass staatliche Stellen diese Informationen besitzen: Private Unternehmen dürfen sie aber erheben und benutzen? Wie quer ist unser Denken geworden? Unser aller Kommunikation wird im Netz auf Vorrat gespeichert, abgehört, gefiltert, analysiert.

Wann immer es in der Geschichte die technischen Voraussetzungen gab, das Böse zu tun, wurde es auch getan.

Es wäre naiv zu glauben, dass internationale Geheimdienste nicht die technischen Möglichkeiten nutzen würden. Das gewichtige Argument – Kampf gegen den Terror – darf dabei nicht weggewischt werden. Wie viel und wann von wem recherchiert wird und verfolgt und gespeichert wird, das ist die entscheidende Frage. Ebenso blauäugig wäre es zu denken, dass nicht auch in Unternehmen rund um den Globus alles getan wird, die vorhandenen Daten zu mehren. Öfter im Buch ist dies schon angeklungen. Und natürlich wird intensiv daran gearbeitet, den Mehrwert aus solchen Informationen herauszuholen. Und der wahre Mehrwert liegt nun einmal darin, so viel wie möglich über uns zu erfahren. Das Ziel lautet, uns nackt und gläsern zu sehen – ohne, dass wir merken, dass uns die Kleider vom Leib gerissen worden sind.

Wir müssen uns solcher Zusammenhänge gewahr werden. Ein Beispiel: Wissen sie, wo Max Kelly heute arbeitet?

Keine Ahnung – nie gehört?

Aber doch, es sollte sie interessieren. Kelly war lange Zeit Sicherheitschef von Facebook. Dort hat er sich darum gekümmert, dass die Daten der Nutzer sicher waren. Dass ihm in dieser Position nicht überaus viel Erfolg beschieden war, haben wir im vorangegangenen Abschnitt gesehen. Nichtsdestotrotz: Er hatte beim sozialen Netz diesen Posten und nicht zuletzt wirkt so etwas natürlich nach außen. „Mensch, Facebook – die kümmern sich …“ – von wegen.

Facebook steht nämlich selbstverständlich auch unter Verdacht, mit der NSA kooperiert und vertrauliche Informationen von Nutzern weitergegeben zu haben. Ob dies wirklich der Fall war, wir wissen es nicht. Der Geheimdienst schweigt, Facebook tut es ihm in dieser Sache gleich.

Der Verdacht aber liegt nahe, und zwar wegen des prominenten Mitarbeiters, den die NSA verpflichten konnte: Max Kelly. Ja, genau, der Kelly, der auf der einen Seite für die Sicherheit unserer Facebook-Daten sorgen sollte, der tiefen Einblick in die technische Infrastruktur und die Möglichkeiten des Unternehmens erlangt hat, arbeitet nun dort, wo höchstes Interesse an dieser Datensammlung herrscht.

Hätte ich mir so etwas im Szenario-Abschnitt dieses Buches ausgedacht, sie hätten mich für verrückt erklärt. Doch wieder einmal zeigt es die Realität uns allen …

Ich fordere Sie auf: Wenn sie solche Dinge in den noch verbliebenen, freien Zeitungen lesen, ziehen sie ihre Schlüsse. Wir müssen uns lösen vom kurzfristigen Vorteil, den uns die Web-Kraken durch ihre Dienste verschaffen; wir müssen Zusammenhänge sehen; wir müssen Konsequenzen ziehen. Wir können z.B. Auskunft über die Speicherung verlangen, die Löschung unserer Daten verlangen oder einfach abschalten und auf bestimmte Dienste und Services verzichten. Niemand zwingt uns, etwas im Netz zu tun.

Der Souverän im Netz sind: Sie. Niemand sonst.

• Wir müssen unser Gewissen ernstnehmen

Mehr, mehr, immer mehr. Sollte ich ein Motto unserer Zeit kreieren, wäre es neben der Geiz-ist-geil-Mentalität, die Suche nach der steten Optimierung: des Berufs, der Freundschaften, der Partnerschaft, der Familie, der Finanzen, ja, des Lebens. Mehr, mehr, mehr. Wir müssen erkennen, wohin uns das führt. Dass die Kraken über ihr angestammtes Feld wachsen wollen, gründet in dieser Sucht nach dem Mehr.

Was würden Investoren sagen, wenn Larry Page eines Tage auf die Bühne treten würde:

„Meine Damen und Herren, die Vergangenheit hat gezeigt, wir haben überdurchschnittliche Wachstumsraten erzielen können. Damit soll Schluss sein. Wir fokussieren uns nun auf nachhaltiges Wachstum. Schließlich haben wir uns in Studententagen das Motto ‚Don't be evil' gegeben. Es wird Zeit, dass wir uns darauf zurück besinnen."

Ein wahrer Sturm der Entrüstung würde ausbrechen. „Page von Sinnen", „Google treibt in den Wahnsinn", „Börse leitet Ende der Suchmaschine ein" – so oder ähnlich würden wohl die Schlagzeilen lauten. Google-Aktien würden innerhalb von Sekunden den Großteil ihres Werts einbüßen.

Was aber ist daran so verkehrt, wenn ein Unternehmen eine nachhaltige Wachstumsrate von, sagen wir, drei oder vier Prozent pro Jahr verbucht? Das liegt deutlich über der Inflationsrate. Es ist auch mehr als viele festverzinsliche Papiere einbringen. Solange das Unternehmen mit dem Ergebnis sein Wachstum finanzieren, Mitarbeiter beschäftigen und die Investitionen tätigen kann, ist dies nicht schädlich.

Aber, nein. Google wächst in einem Tempo von mehr als 30 Prozent. Jahr für Jahr. Und das sind für das Unternehmen bereits Wachstumsraten, die Analysten ins Grübeln versetzen. Apple hat 2012 das erfolgreichste Geschäftsjahr seit Unternehmensgründung präsentiert. Das Weihnachtsgeschäft dieses Jahres schlug alle Rekorde: In nur drei Monaten von Oktober bis Dezember hat das Unternehmen 55 Milliarden Dollar umgesetzt, mehr als 13 davon blieben als Gewinn in den Kassen von Apple.

Ich kann mir an dieser Stelle den Hinweis nicht verkneifen, dass die phantastischen Zahlen von Apple natürlich auch auf den gewieften Steuersparmethoden des Unternehmens fußen. Wir haben bereits davon gelesen.

Das glänzende Ergebnis hat die Börse nicht davon abgehalten, das Unternehmen abzustrafen. Vom Allzeithoch im Herbst aus betrachtet hat das Unternehmen nur wenige Monate später weit mehr als ein Drittel an Wert verloren.

Die Rationalität hinter dem Verhalten der Investoren lautet simpel: Sie haben noch größeren Profit erwartet.

Natürlich handelt es sich teils um fiktive Berechnungen, um Buchwerte. Nur, weil das Unternehmen Apple an der Börse weniger wert ist, verfällt der Wert des realen Unternehmens ja nicht im selben Ausmaß.

Aber der Börsenwert gilt als wichtiges Indiz für den Erfolg eines Unternehmens. Viele Faktoren fließen in seine Berechnung ein: der Gewinn, das Branchenumfeld, volkswirtschaftliche Betrachtungen, der Ausblick für das Unternehmen. Und die Marktkapitalisierung spielt natürlich für die Manager selbst auch eine Rolle. Sie lassen sich am Mehr messen. Wie oft haben wir schon gelesen, wie sehr sich der Börsenwert eines Konzerns seit Amtsantritt dieses oder jenes Managers entwickelt hat. Und der Wert hat noch eine ganz praktische Bedeutung: Für das Gros der Unternehmenslenker von notierten Gesellschaften schlägt sich der Börsenwert in klingender Münze nieder. In der Regel haben besonders in den Vereinigten Staaten Führungskräfte ein geringes Fixgehalt. Den Turbo bilden die Aktienoptionen, über den sie dann nicht nur direkt eins zu eins am Erfolg eines Unternehmens beteiligt sind, sondern oft noch über einen Hebel. Wenn sich der Börsenwert also verdoppelt, steigen ihre Optionen um ein Vielfaches. Kein Wunder also, wenn oft der Eindruck einsteht, alles dreht sich nur um das Geschäft an der Börse.

Dieser Blick allein auf den Markt hat fatale Folgen, wie ein auf den ersten Blick abstruses Experiment mit Mäusen und Moneten zeigt. Auf den zweiten Blick allerdings ist es mehr als erschreckend.

Armin Falk behauptet, der Markt zerstöre die Moral. Das kann jeder sagen, wenn es allerdings ein Wirtschaftsprofessor der Universität Bonn von sich gibt, wirkt es schon etwas merkwürdig. Falk hat ein Experiment mit annähernd 1000 studentischen Teilnehmern im Frühjahr 2012 veranstaltet. Er kreierte zwei Testszenarien: Im ersten konnten die Studenten entscheiden, ob ihnen zehn Euro lieber waren – oder das Leben einer Maus.

Falk hatte sich dazu ein Kontingent an Labormäusen gesichert, das nach den Experimenten vergast worden wäre.

Die Teilnehmer konnten den eigentlich gesunden Mäusen noch im Schnitt zwei Jahre an Leben schenken, wenn sie auf ihre zehn Euro verzichteten. 55 Prozent der Studenten taten das. Das ist eigentlich schon ein erstaunlicher Wert, bedenkt man, dass zehn Euro für einen Studenten heute auch nicht mehr die Welt bedeuten.

Noch deutlich krasser allerdings wurde es, als Falk die gleiche Frage dem Markt überließ.

Um diesen „Markt" zu simulieren, nahmen viele Studenten gleichzeitig per Computer teil. Sie wurden mit derselben Frage konfrontiert: Geld – oder Leben der Maus? Die Frage konnte allerdings nicht mehr direkt beantwortet werden, sondern nur über einen Marktmechanismus.

Ein Teil der Jungakademiker agierte dabei als „Verkäufer". Sie hatten je 20 Euro zur Verfügung, um die „Käufer" zu überzeugen. Wenn sich beide Parteien einigten, bekam der Käufer den ausgehandelten Preis, der Verkäufer behielt den Rest der 20 Euro – die Maus verlor ihr Leben.

Makaber, aber erschreckend: Nun senkten drei Viertel der Teilnehmer den Daumen über ihre Maus – und das auch noch für deutlich weniger Geld als die Probanden, die unter freien Stücken entscheiden konnten, also nicht unter den Marktbedingungen. Der Durchschnittspreis des Mäuselebens sank von zehn Euro im freien Experiment auf nur noch 6,40 Euro unter kapitalistischen Verhältnissen. Frauen zeigten sich gnädiger als Männer, Kluge mehr als Minderbemittelte, Vegetarier eher als Fleischesser.

Doch das Fazit von Falk heißt: Der Markt macht es Menschen manches Mal äußerst einfach, die eigene Moral beiseite zu wischen. Sein Experiment will er als Appell verstanden wissen, auch in der Marktwirtschaft die Ansprüche an das eigene Gewissen hoch zu halten.

T-Shirts, genäht mit Kinderhand? Handys, durchsetzt mit Chemikalien aus Kriegsgebieten? Fleisch aus Mastfarmen?

Wir alle stehen täglich vor Entscheidungen in solchen Fragen. Zu oft verliert die Moral. Auch und gerade dann, wenn wir es mit den Web-Kraken zu tun haben.

Ich fordere nicht die Umkehr zum „real existierenden Sozialismus“ – im Gegenteil: Mein Appell richtet sich an die Freiheit und damit die Verantwortung, wie schon George Bernhard Shaw sagte: „Liberty means Responsibility“. Deshalb appelliere ich gerne und ausdauernd an die Verantwortung, die jeder für sich trägt, auch für die Menschen, die nach uns kommen. Machen wir es uns nicht so einfach, den kurzfristigen Kick, das günstige Schnäppchen oder die vermeintlich großzügige Gratis-Offerte gegen unsere Moralvorstellungen siegen zu lassen.

Zumindest nicht immer. Dann ist schon viel gewonnen.

Das Rad der Zeit

Nun gut: Geltende Gesetze einhalten, offenen Auges durch die Welt der Kraken gehen, lauten die beiden wichtigsten Forderungen. Gehen wir einfach mal davon aus, dass wir das schaffen. Wir Konsumenten, wir Politiker, wir Wissenschaftler und Unternehmer. Was denn dann? Das Rad der Zeit lässt sich wohl kaum zurückdrehen. Wir werden weiter mit Google, Facebook & Co. zu leben haben, oder?

Sie haben vollkommen Recht. Und das ist sicherlich einer der betrüblichsten Erkenntnisse dieses Buches: Vieles von dem, was in Vergangenheit aus Nachlässigkeit versäumt wurde, lässt sich nicht mehr ungeschehen machen.

Die FTD, die Financial Times Deutschland, die herrlich unkomplizierte Wirtschaftstageszeitung, sie wird nicht wieder auferstehen. Die Frankfurter Rundschau, einst Aushängeschild der linksliberalen Presse, sie wird eine unbedeutende Tochter der FAZ bleiben. Der unabhängige, gut recherchierte und gut finanzierte Journalismus in der nationalen Presse und Wirtschaftspresse – er gehört, so wie ihn die Älteren unter uns kennengelernt haben, der Vergangenheit an.

Dennoch ist Trübsinn fehl am Platze. Es gibt keinen Grund, in Depression zu verfallen oder gar ins Nichtstun, nur weil so vieles schon zu unseren Ungunsten geschehen ist. Vor allem weil sich noch eine Menge verändern wird und verschlechtern kann, wenn wir untätig bleiben. Das hat uns der Blick in das Jahr 2025 gezeigt: Vielleicht leben wir dann in Unfreiheit, Unselbständigkeit, Armut, sozial wie monetär. Dies droht uns aber nur, wenn wir untätig bleiben.

Lassen Sie mich Ihnen zeigen, warum es zu kämpfen lohnt. Werfen wir noch einmal einen fiktiven Blick ins Jahr 2025. Dieses Mal unter der Prämisse, dass wir heute mit der Gegenwehr starten. Wieder greife ich auf die uns bereits gut bekannten Protagonisten der Familie Müller zurück. Ihr Leben unterscheidet sich nun stark vom Ursprungsszenario im dritten Kapitel dieses Buches.

Folgen Sie mir in eine Welt, in der wir die Technik beherrschen – und nicht umgekehrt...

Die Technik im Griff

Herbert Müller ist müde. Klar, mit seinen 75 Jahren ist er selbstverständlich froh, dass seine Frau Elfriede und er noch zu Hause wohnen können. Moderne Technik macht das möglich. Und, wenn er daran denkt, welche Strapazen sein Vater durchleiden musste – ihm war kein langes Leben vergönnt. Seine Schulkameraden, von denen einige noch die Mutter und so auch den Sohn gekannt hatten, wurden spätestens in ihren 70ern von den Kindern ins Altersheim geschickt. Das war jetzt, im Jahr 2025, nicht mehr üblich. Selbst Senioren, die früher als Pflegefälle galten, konnten bis ins hohe Alter in den gewohnten vier Wänden bleiben. Das war ein immenser Gewinn an Lebensqualität und trug ebenso wie die moderne Technik dafür Sorge, dass Menschen älter wurden.

Wer sich wohl fühlt, lebt länger.

Dennoch: Herbert war müde. Wie gerne hätte er sich jetzt hingelegt, aber jedes Mal, wenn er den Versuch startete, kam der Pflegeroboter in sein Zimmer, wünschte einen „Guten Morgen“, fragte nach der Befindlichkeit, offerierte einen Kaffee – und warf ihn anschließend aus dem Bett.

Eine ärgerliche Fehlfunktion. Wieder mal.

Ambient Assisted Living war einer der Megatrends der alternden Gesellschaft in Deutschland gewesen. Die Furcht vor Robotern, die bei der Arbeit im Haushalt unterstützten, war nach und nach gewichen: erst einmal ein Roboter zum Staubsaugen, dann einer zum Rasenmähen – der Schritt zum Gerät, das beim Aufstehen hilft, beim Waschen, Kochen, kurz: bei fast allen Hausaufgaben war nur klein gewesen.

Herbert würde einen seiner beiden Enkel um Hilfe bitten. Sie könnten direkt mit dem Hersteller via Videokonferenz kommunizieren und das fehlerhafte Teil im Gerät austauschen.

Es war nicht schwierig, er wusste es. Wer es aber bis in die 70er geschafft hat, der konnte ja wohl die Enkel einmal um einen kleinen Gefallen bitten.

Er musste nur bis zum nächsten Tag warten. Rouven und Torben würden jetzt nicht mehr auf das Holodeck kommen, das wusste er aus Erfahrung. Die Beiden trafen sich um diese Zeit regelmäßig mit ihren Freunden zum virtuellen Kampf im alten Rom.

Das klang weitaus martialischer, als es wirklich war. Ihm hatte das Treffen in der Virtual Reality ebenso große Freude bereitet. Seine Enkel hatten sogar einen Raum des Elternhauses als Spielarena eingerichtet. Dort erscheinen die virtuellen Abbilder ihrer Kumpels wie aus dem Nichts, gemeinsam ziehen sie durch die vom Computer simulierten Straßen von Rom. Er war ihnen selbst schon mehrere Male gefolgt. Faszination Technik.

In diesem Raum führen sie auch die Holo-Telefonate mit ihrem Großvater. In Anlehnung an eine uralte Fernsehserie, Raumschiff Enterprise, nannten sie es Holodeck. Und noch ein anderes Gerät aus den Science-Fiction-Folgen der 50er Jahre des 20. Jahrtausends hatte Einzug gehalten in die Moderne: der Replikator. Herbert war noch immer bass erstaunt, wenn ihm die beiden Jungen zeigten, was möglich war: Mittels 3D-Druck konnte der Replikator alles Erdenkbare erstellen.

Er hatte mitbekommen, dass zum Ende seines Berufslebens bereits mit Plastik- und Metallreplika experimentiert wurde. Inzwischen ließen sich allerdings auch einfache Nahrungsmittel mit dem Gerät herstellen. Das hatte die größten Ernährungsprobleme der Menschheit gelöst – immerhin lebten inzwischen mehr als acht Milliarden Menschen auf der Erde. Das 3D-Gerät würde wohl noch ganz andere Herausforderungen meistern: Wissenschaftler waren kurz davor, funktionierende menschliche Organe mit den 3D-Druckern aus Biomasse zu modellieren. Das eröffnete der Medizin neue Möglichkeiten. Die verzweifelte Suche nach Organspendern würde sich bald erübrigen. Einfach faszinierend.

Google steckte enorme Gelder in die neue Technologie. Das Unternehmen war über das vergangene Jahrzehnt einer der

Innovationsführer in der Informationstechnologie gewesen. Dass der Straßenverkehr inzwischen ohne Stau verlief, hatte die Menschheit beispielsweise Google zu verdanken.

Die selbst steuernden Fahrzeuge des Unternehmens waren Standard. Und auch in der 3D-Technik würde die Gesellschaft, die einmal als Suchmaschine im Internet begonnen hatte, Erfolge aufweisen, da war sich Herbert sicher.

Angst davor hatte er keine. Wieso auch?

Seitdem das Google von einst in einem spektakulären Kartellprozess vor einigen Jahren zerschlagen worden war, drohte keine Gefahr mehr. Die enormen Datenmengen, die das Unternehmen über die Jahre angesammelt hatte, lagen faktisch noch immer in Rechenzentren von Google. Praktisch waren dem Unternehmen aber die Hände gebunden, was eine weitergehende Auswertung der Informationen anbelangte. Die Datacenter standen unter staatlicher Aufsicht. Die Vereinten Nationen hatten sich zum Vorreiter in Punkto Datennutzung und -vermarktung aufgeschwungen und wachten weltweit über die Einhaltung der inzwischen deutlich verschärften Bestimmungen. Die Aufsicht fand weitestgehend automatisiert statt, kein Wunder angesichts der enormen Datenflut. Außerdem sollte so dafür gesorgt werden, dass kein Staat der Welt Einblick in die Informationen hatte. Sie gehörten schließlich den Nutzern: Sonst niemandem. Das war in mehreren Musterprozessen zweifelsfrei von Gerichten weltweit anerkannt worden.

Dem Top-Management von Google unter Führung der charismatischen Marissa Mayer waren die Auflagen alles andere als recht gewesen. Mayer, eine der ersten Angestellten von Google, dann Chefin von Yahoo, war nach Verschmelzung der beiden Unternehmen aufgestiegen zur Nummer 1. Sie war aber clever. Clever genug, um einzusehen, dass sie trotz der Allmacht ihres Unternehmens keine Chance gegen die konzertierten Bemühungen der Vereinten Nationen mit Unterstützung der G20 hatte.

Sollte sie sich den staatlichen Forderungen nach mehr Datenschutz widersetzen, hätte sie gleich das Ende von Google einläuten können. Dem Unternehmen wäre dann der Marktzutritt in den meisten Ländern der Welt verboten worden. Die Rivalen warteten nur auf einen solchen Schritt.

Herbert erinnerte sich gut an diese Entwicklung. Es war das einzige Mal, dass er auf seinen Schwiegersohn Thomas wirklich stolz gewesen war.

Der Lehrer hatte sich im Unterricht schon stets gegen die Allmacht der Web-Kraken aufgelehnt, hatte seinen Schülern erklärt, wieso sie mit ihrem freizügigen Verhalten den Kraken gegenüber letztlich ihre eigene Existenz aufs Spiel setzen würden. Als 2018 die Proteste angesichts der ungeheuerlichen Datenschutzverletzungen der Web-Konzerne aufflammten, gehörte Thomas zu den führenden Köpfen.

Ja, wirklich, Herbert konnte es noch jetzt kaum fassen. Weltweit hatte sich die Jugend solidarisiert: „Für unsere Zukunft. Für Freiheit im Denken. Gegen die Kraken.“ Der rasante Abstieg im Lebensstandard von Jung und Alt hatte die Proteste befeuert. Viele Länder weltweit standen kurz vor der Pleite, die meisten hatten sich schon während Staatsschulden- und Finanzkrise über alle Maßen verschuldet.

Als nun auch noch die Kraken nach der Freiheit der Jugend trachteten, platzte der Knoten. Endlich. Thomas hatte gemeinsam mit Schülern die Proteste erst in seiner Heimatstadt, am Ende in ganz Deutschland organisiert – nun, zumindest initiiert. Er war auf tatkräftige Hilfe seiner Frau Elke und seiner Kinder angewiesen. Thomas selbst fehlte das technische Wissen für eine solche Orchestrierung.

Nicht nur Google war an die Kette gelegt worden. Facebook wurde zeitweise sogar unter staatliche Aufsicht gestellt. Die Führung des Unternehmens noch unter Mark Zuckerberg hatte sich lange gegen die Forderungen nach Transparenz gesträubt. Der Konzerngründer hatte schließlich eigene Pläne mit den Daten der Nutzer. Dass die Politik diese nun durchkreuzt hatte, gefährdete die Existenz des Konzerns. Wären nicht die gewaltigen Barreserven von mehr als einer viertel Billion Dollar gewesen, man hätte wohl um die Zukunft von Facebook bangen müssen.

Das Geld in der Kasse schaffte die Grundlage, in Ruhe die Möglichkeiten zu ergründen – so zumindest das Kalkül von Zuckerberg. Fast wäre dieser Plan aufgegangen.

Er beauftragte Banker und Berater, mögliche Strategien auszuloten. Schließlich übernahm das soziale Netz in einem spektakulären Doppelschlag Microsoft und Apple. Beide Unternehmen hatten ihre Blüte hinter sich. Zuckerberg beglückte mit einer vergleichsweise hohen Übernahmeofferte die Altaktionäre: Er wollte das eigene Wissen um die Vorlieben der Kunden nutzen. Das hatte Facebook zweifellos noch immer. Gepaart mit der Hard- und Softwarekompetenz von Apple beziehungsweise Microsoft würde Facebook in das Geschäft mit Ubiquitious Computing einsteigen.

Statt dedizierte Rechner in Form von Personal-, Tablet Computer oder Smartphone begleitet uns bei diesem Trend der Computer im gesamten Leben: Morgens in Form eines aufrollbaren elektronischen Papiers, auf dem Weg zur Arbeit in intelligenter Technik im E-Wagen, im Büro durch Stifte, mit denen Notizen beim Schreiben digitalisiert und nach Themen geordnet auf dem Cloud-Speicher abgelegt wurden, wieder zuhause über enorme Wanddisplays, die Wetter, Nachrichten, Mitteilungen der Kinder ebenso zeigten wie den jüngsten Bollywood-Blockbuster. Je nach Wunsch.

Ein heißer Trend. Allein: Die Chinesen waren wieder einmal schneller. Huawei ließ Facebook mit günstigen und technisch führenden Geräten und Diensten keine Chance. Das Unternehmen spielte die Amerikaner an die Wand. Nur in den Staaten selbst war Facebook inzwischen noch tätig, des einst omnipräsenten Markennamens wegen.

Die staatlichen Zwangsmaßnahmen verbunden mit freiem Wettbewerb hatten das Gros der Tentakel gekappt.

Elfriede war das nur recht. Sie hatte nie verstanden, wieso sich ihre Enkel so freizügig gegenüber so vielen Menschen zeigten, die sie nur mal flüchtig virtuell kennengelernt hatten. Sie unterstützte die Bemühungen des Staates in dieser Sache, wo sie nur konnte. In ihrem Alter musste sie zwar noch einige Zeit im Auslieferungsladen von Amazon in der Innenstadt arbeiten. Wenigstens hatte sie reduziert, war jetzt nur noch im

Teilzeitpensum vor Ort. Ihren Ausgleich zur Kontrolle der Packroboter sowie der Auslieferung an die Kundschaft gab ihr das politische Engagement.

Wie ihr Mann Herbert hatte sie voller Stolz den Kampf ihres Schwiegersohnes Thomas verfolgt. Jetzt stand sie der Ortsgruppe der politischen Bewegung „Die Alternative – Die Alten“ (DA2) vor, einer noch recht jungen Gruppierung, die aber aufgrund des demographischen Wandels den Großteil der Bevölkerung in der Bundesrepublik vertrat – und seit kurzem als zweitstärkste Kraft im Bundestag vertreten war.

Hier konnte sie noch einiges bewegen.

Etwas schwer fiel es ihr nur, die für die politischen Diskussionen notwendigen Informationen zu bekommen. Sie gehörte zur Generation, die eine Zeitung am Morgen gewöhnt war. Eine gute Zeitung, eine aus Papier. Diese gab es zwar wieder, aber nur noch in regionalen Ausgaben. Und das bedruckte Papier war viel zu teuer.

Seit vor einigen Jahren die meisten Zeitungshäuser von größeren aufgekauft worden waren, war es um die Presse- und Meinungsvielfalt schlecht bestellt. Elfriede kannte aus jüngeren Jahren die Freude, meinungsstarke Leitartikel zum selben Thema von verschiedenen Autoren zu lesen. Sie hatte sich immer gerne an den Standpunkten gerieben.

Seither hatte sie oft das Gefühl, es gelte nur noch die Meldung aus der Zentralredaktion. Und das war leider nur jene, die von der Mehrheit in den elektronischen Medien am häufigsten geklickt und gelesen wurden. Abweichler hatten bewusst oder unbewusst, sie wusste es wirklich nicht, selten eine Chance. Welche mediale Langeweile.

Ein Glück, dass sie nicht die einzige war, die sich angesichts der Tristesse mit diesem Gefühl je geplagt hatte.

Vor wenigen Jahren war ein hoffnungsvolles Projekt junger Journalisten ans Netz gegangen. Europaweit hatten sich Kollegen verschiedener, ehemaliger Qualitätszeitungen zusammengefunden mit dem Wunsch, die Vielfalt der Meinungen neu zu beleben. Sie strebten nach einer neuen Debattenkultur. Ihr Internetdienst war nur per Abonnent zu nutzen. Elfriede wusste aus Gesprächen mit Parteikollegen, dass die Seite bislang ein Verlustgeschäft war. Aber Subventionen der Kulturministerien unterschiedlicher europäischer Länder sicherten vorerst den Betrieb.

Sie zahlte selbst gerne für die Informationen, die sie aus dem Journalistennetz bekam. Aus ihrer Parteiarbeit wusste sie, dass viele Kollegen überlegten, ein Abo zu beziehen.

Ihr gefiel besonders der europäische Fokus. Die Bedeutung der Europäischen Union hatte über die Jahre stetig zugenommen. Mein Gott, in ihrer Jugend hatte sie auf dem Weg zum Urlaub in Frankreich noch einen Reisepass an der Grenze vorweisen müssen. Welcher Wandel.

Aber die Apparate in Brüssel zogen Macht an sich, langsam, doch beständig. Schon bei den Bundestagswahlen vor zehn Jahren war klargeworden, dass dem Gros der Wähler die stärkere Mitsprache Europas ein wichtiges Anliegen war. Dies hatte sich nun weiter verdichtet. Europa bildete auf diese Weise ein starkes und nötiges globales Gegengewicht.

Die USA hatten sich völlig überschuldet, das Land befand sich in einer schweren Regierungskrise, und das schon seit Jahren. Faktisch war es unregierbar geworden, da half dieses Mal auch der amerikanische Geist wenig.

China war aufgeblüht, allerdings hatte der Nationalkongress der kommunistischen Partei durch Wahl des liberalen Li Chunlan das Land weiter und weiter geöffnet gegenüber kapitalistischen Nachbarn. Im Gegenzug für freien Handel verlangten die angrenzenden Staaten Zugeständnisse an die Machtfülle des totalitären Staatssystems.

Das führte zu starken Auflösungsbestrebungen in dem Land: Viele Provinzen erklärten sich unabhängig von Beijing. Der reiche Süden wollte nicht länger den armen Norden durchschleppen. Zwar gab es im Norden des Landes einige Produktionsstätten für die Thinktanks im Süden. Die Schere zwischen arm und reich hatte sich aber weiter geöffnet. Die Regionen rund um Shenzhen waren noch vermögender geworden, die anderen hatten nicht im gleichen Maße mitgezogen. Das musste zwangsläufig Konflikte nach sich ziehen.

Die starken Länder der Welt beobachteten die Spannungen mit Argwohn, allen voran Indien. Explodierte China, würde Indien zumindest versengt. Auch Russland hatte den Botschafter des großen Nachbarn schon mehrfach einbestellt. Noch zuletzt hatte das langjährige Staatsoberhaupt Vladimir Putin versucht, die alte UdSSR wieder aufleben zu lassen. Doch nach seinem Tod waren schwere Proteste im Land ausgebrochen. Ein Teil der Ex-Sowjet-Staaten hatte sich zum Einheitsstaat „Union der Sowjetstaaten" zusammengeschlossen.

Die Aufstände in diesen Staaten brachen auch deshalb zusammen, weil die Wirtschaft durch die starke Hand des neuen Führers florierte, einem Sohn von Putin.

Schließlich Marokko, Tunesien und Algerien: In weiten Teilen Afrikas herrschte nach wie vor Armut. Durch 3D-Replikatoren waren die wichtigsten Nahrungssorgen eingedämmt, viele Länder zerrieben sich dennoch intern wie extern in Kleinkriegen. Das war einfacher denn je: Auch Waffen schließlich ließen sich schon lange replizieren. Die Vereinten Nationen hatten das zwar strengstens verboten. Aber die Technik war da und ließ sich nicht stoppen.

Allein der Norden des Kontinents hatte sich emanzipiert. Dank der Sahara verfügte die Region inzwischen über das „rohstoffreichste" Gebiet der Erde. Das Ödland war gepflastert mit Sonnenkollektoren. An der Küste kamen Windkraftwerke hinzu. Kein Land der Welt bot mehr Energie. Lange Überlandleitungen transportieren den Sonnen- und Windstrom nach Europa – für viel, viel Geld. Und Macht. Denn wer am Hebel der Energie saß, kontrollierte andere. Das war beim Ökostrom nicht anders als damals beim Öl.

In dieser Gemengelage sah sich Europa. Die Bürger hielten ein Gegengewicht für mehr als nötig, um nicht zerrieben zu werden. Sie mussten auch eine neue „Wehrhaftigkeit" erreichen. Da der Cyber-War eine große Gefahr darstellte, brauchte Europa auch die neue zentrale Euro-Cloud, die in Frankreich, dem bevölkerungsreichsten europäischen Land, verankert war. Elfriede wusste, dass ihre Partei DA2 diesen Europakurs stützte. Mit ähnlichen Parteien überall auf dem alten Kontinent hatte DA2 Koalitionen geschlossen.

Der Weg, Freiheit und Wohlstand zu halten, war nicht einfach. Aber Elfriede fand, die Bürger hatten so wie selten zuvor in der Geschichte gezeigt, dass sie ihn gehen wollten.

Leben mit dem Fortschritt – nicht dagegen

Nun, wie gefällt ihnen der andere Blick in das Jahr 2025? Er ist keineswegs nur rosig, aber dadurch unrealistisch? In jedem Fall nicht näher oder ferner an der Wirklichkeit als meine erste Vision der Zukunft. Wieder schreibe ich einige Entwicklungen fort, die wir heute schon beobachten können.

Die 3D-Technologie beispielsweise hatte ich schon im ersten Szenario erwähnt. Nun spielt sie eine noch weitaus bedeutendere Rolle. Es werden nicht nur Schmuckstücke gefertigt, sondern auch Waffen, Häuser, Weltraumstationen und Nahrung.

Wenn Sie die technisch orientierte Presse verfolgen, sehen Sie, dass diese Entwicklungen heute schon beginnen. Mittels Plastik- oder Metallpulver stellen technisch führende Unternehmen Werkstücke beispielsweise in der Autoindustrie via 3D-Druck her. Auch Waffen lassen sich bereits drucken. Es gibt ungeheures Interesse daran, das zu verfeinern. Und vor kurzem wurde eine Villa mit 1100 Quadratmetern in zwei Tagen in Suzhou in China aus dem 3D-Drucker erstellt

Die Technik, an der überall intensiv geforscht wird, bietet ungeheures Potential – im positiven wie im negativen Sinne.

Vielleicht können wir bald die Ernährungsprobleme des Planeten lösen. Vielleicht tun wir das nur, damit sich die Menschen anschließend abschlachten, denn es wird so leicht wie nie zuvor sein, sich eine Waffe zu besorgen. Wir haben es in der Hand, in welche Richtung wir uns wenden.

3D-Druck wird auch die bestehenden Wertschöpfungsketten in der Industrie umkrempeln. Bald wird es keinen Grund mehr geben, die Produktion von einfachen Bauteilen in der Industrie nach Polen, Ungarn, Rumänien oder noch weiter weg auszulagern, nur der Lohnkosten wegen. Mit der 3D-Technik werden sich solche Bauteile automatisiert um ein Vielfaches günstiger als heute produzieren lassen – auch in Hochlohnländern wie Frankreich, Deutschland oder der Schweiz. Künftig wird nicht mehr der billigste den Auftrag gewinnen, wie dies heute so oft der Fall ist. In Zukunft bekommt der den Zuschlag, der sich am schnellsten in die vorhandenen Prozesse des Industrieunternehmens integrieren kann. Oder es wird wieder wie zu Anfängen der Automobilindustrie in den Werken vor Ort gefertigt.

Stellen Sie sich nur für einen kurzen Augenblick die Folgen eines solchen Umschwungs vor. Wir stehen am Beginn einer neuen Revolution!

Die Informationstechnologie wird diese Umwälzungen befeuern. Nichts geht mehr ohne digitale Information. Der Trend, dass digitale Daten allgegenwärtig sind, zeichnet sich schon heute ab. Auch das verstärkt sich in Zukunft: von augenfälligen Beispielen wie einer Smartwatch, die Mails oder Termine anzeigt oder wichtige Lebensfunktionen überwacht, hin zu Science-Fictionähnlichen Utopien wie Nano-Robotern, die eigenständig im Körper eines Menschen Krankheitserreger wie wuchernde Krebszellen vernichten.

Es ist so vieles möglich, und gerade deshalb müssen wir sehen, dass wir das Heft in der Hand behalten. Im optimistischeren Szenario werden Kraken wie Google oder Facebook unter staatliche Aufsicht gestellt. Wir selbst entwickeln Strukturen, Mechanismen und Prozesse, die uns wieder mehr Verantwortung und Kontrolle geben – und damit mehr Freiheit. Google reagiert mit Innovation, Facebook will weiter die Kontrolle nicht aus der Hand geben – und scheitert.

Welchen Weg wählen wir? Wir haben es in der Hand.

Sollte ich ein Differenzierungsmerkmal zwischen Managern der Digitalisierungsindustrie und jenen klassischer Branchen ausmachen: es wäre die Fähigkeit, Visionen über den Fortgang der Geschichte zu entwickeln – und voranzutreiben.

Peter Löscher, lange Chef von Siemens, stieß Hightech-Bereiche des Unternehmens wie die Netzsparte ab. Das Geschäft, in dem Netze für Telefongesellschaften und Mobilfunker aufgebaut werden, war einmal einer der wesentlichen Pfeiler des Münchner Konzerns. Im Jahre 2007 gründeten Nokia und Siemens ein Gemeinschaftsunternehmen, um sich der Aufgabe zu widmen. Nun versucht es Nokia alleine. Das Handy-Geschäft haben die Finnen an Microsoft abgegeben. Löscher hatte für Siemens erkannt, dass der Konzern auf das schnelle und zyklische Geschäft der Branche zu langsam agiert. Er richtete das Unternehmen auf zukunftsträchtigere Bereiche aus, die Medizintechnik beispielsweise. Die Menschen werden immer älter, da kann sich jeder ohne große Fachexpertise ausrechnen, dass der Bereich wohl stetes Wachstum zeigen wird.

Doch Löscher hielt sich nicht sehr lange an der Spitze des Konzerns. Mission verfehlt. Nach sechs Jahren wurde er ausgetauscht durch Joe Kaeser. Jetzt darf sich der nächste Manager an der Spitze des Traditionskonzerns austoben.

Kein Wunder, dass die Strategien solcher „angestellten" Führungskräfte den Visionen eines Steve Jobs oder Bill Gates nicht standhalten. Wir müssen uns vor Augen halten, dass beide Computerpioniere in den 70er Jahren ihre Unternehmen gegründet haben. Wie sehr haben uns Apple und Microsoft in diesen Jahrzehnten beeinflusst. Die meisten Haushalte nutzen doch mindestens ein Gerät, das von Apple kommt, oder auf dem die Software von Microsoft läuft.

Nehmen wir zum Vergleich große deutsche Tech-Unternehmen, die in den 70er Jahren bekannt waren: Nixdorf Computer beispielsweise, einst Marktführer in Europa, dann Teil von Siemens, schließlich ein Joint Venture mit Fujitsu, heute nur noch bei den Japanern. Andere große Marken aus der Unterhaltungsindustrie gingen einen vergleichbaren Weg: Telefunken, Grundig, Nordmende – letztlich sind alle daran gescheitert, dass ihnen die Kraft fehlte, die Entwicklungen der Zukunft vorherzusehen. Apple oder Microsoft waren beide auch nie in einem einfachen Markt. Es würde Bücher füllen, die Produkte zu beschreiben, die beide erfolglos auf den Markt gebracht haben. Dennoch hatten sowohl Jobs als auch Gates stets eine Ahnung, wohin sich die Gunst der Kunden entwickeln würde, und sie haben ihr Bestes gegeben, diese Nachfrage zu befriedigen und anzufachen.

Bei den Veränderungen, die uns durch die 3D-Technik bevorstehen, können wir nur hoffen, dass deutsche Industriemanager frühzeitig die richtigen Weichen stellen. Noch führen wir den Sektor an. Doch mit 3D wird auch Kopieren zum Kinderspiel. Es ist denkbar, dass sich Asiaten ein erfolgreiches europäisches Produkt besorgen, dieses im Wortsinne über Nacht analysieren und am nächsten Tag etwas Identisches auf den Markt bringen. So schnell geht das.

Die Gefahren durch 3D-Technik sind so groß wie die Chancen. Auch für Amazon, Google oder Facebook wird es künftig ein Leichtes sein, in die Produktion von Gütern einzusteigen. Ich habe bereits gezeigt, dass Amazon diesen Weg einschlägt. Nach den Medien, dem Handel und den Finanzen wird die Industrie mit hoher Wahrscheinlichkeit das nächste Angriffsfeld für die Web-Kraken bieten.

Deshalb, und ich wiederhole mich in diesem Punkt, ist es so wichtig, dass wir die Todsünden, die wir leichtfertig begehen, abstellen, dass wir uns mit frischem Mut den spannenden Herausforderungen der Zukunft stellen und sie gestalten – und nicht gestalten lassen. Wir müssen unser Bewusstsein schärfen für neue Technologien und ihre Möglichkeiten und dabei die Chancen sehen, nicht nur die Herausforderungen. Dann wird es keine Kraken geben, vor denen wir uns fürchten müssen. Wir können für die Gestaltung der Zukunft heute alles tun. Fangen wir an!

Mit Zuversicht nach vorne

Sie haben mit mir Szenarien betrachtet, die unsere Freiheit, Selbständigkeit und unsere wirtschaftliche Grundlage bedrohen. Ich habe Wege gezeigt, die uns vor der Unfreiheit bewahren können: Wir müssen uns der Bedrohung bewusst werden, uns entsprechend verhalten und auf politischer Ebene in Europa die Grenzen ziehen. Dann kann die Technik uns zunutze sein, nicht umgekehrt.

Was bleibt?

Sollten Sie nur einen Gedanken aus diesem Buch mitnehmen, dann diesen: Wir müssen handeln!

Vielleicht bin ich zu pessimistisch. Vielleicht findet auch alles wieder zum Gehabten zurück. Es gibt durchaus positivere Stimmen: Warren Buffett etwa. Er ist als Investor eine Legende. Buffett steigt nur in Geschäfte ein, die er versteht – und das auch nur dann, wenn die Kanonen donnern, wenn sich also alle anderen Anleger zurückhalten, und eine Branche für tot erklären.

Vor wenigen Jahren noch erklärte der Selfmade-Milliardär, Jahrgang 1930, er würde sich für keinen Preis der Welt einen amerikanischen Zeitungsverlag ans Bein binden. Er sehe das Risiko „unendlichen Verlustes“.

Diese Einstellung hat sich gewandelt.

Seit seiner pessimistischen Aussage hat er 28 Zeitungen für insgesamt weit mehr als eine viertel Milliarde Dollar übernommen. „Ich glaube, dass Zeitungen, die umfassende und verlässliche Informationen für eine enge Gemeinschaft liefern und eine vernünftige Internetstrategie haben, noch lange Zeit rentabel sein werden", erklärte er im Jahr 2013 in einem Anlagebrief an seine Investoren.

Vielleicht sehe ich zu schwarz, wenn ich ein nahes Ende der nationalen und überregionalen Zeitungsverlage sehe. Die lokalen Zeitungen – so sie ihre Hausaufgaben machen und sich zusammenschließen – haben durchaus sehr gute Möglichkeiten. Vielleicht dauert es auch noch länger als bis 2025, bis die

Web-Konzerne eine ernstzunehmende Position im Handel und im Finanzsektor erlangen. Vielleicht.

Ganz sicher aber bin ich mir, dass die gezeichneten Entwicklungen im Gange sind. Und in Vergangenheit lief es oft schneller als gedacht. Einzelne Unternehmen, Branchen, gesellschaftliche oder politische Kräfte haben dem Druck der Web-Kraken derzeit wenig bis gar nichts entgegen zu setzen.

In der Diskussion verirren wir uns in Nebenkriegsschauplätzen: Sind Facebook-Partys illegal? Beherrscht nur das Belanglose Twitter? Gehören die Gastro-Tipps auf Google zu den besten der Stadt?

Es fehlt ein gesellschaftlicher Diskurs, wie wir den Epochenwandel selbst gestalten wollen. Die Politiker sind völlig überfordert von einer Dynamik, die beinahe täglich neue Fakten schafft.

Schlimmer noch: Unsere Entscheidungsträger erliegen der Propaganda der Kraken. Google treibt das Lobbying auf die Spitze. Mit Gründung und Finanzierung des Forschungsinstitutes für Internet und Gesellschaft an der Humboldt Universität Berlin wirkt es so, als habe sich der US-Konzern zum Ziel gesetzt, den gesellschaftlichen Dialog mit Informationen zu beeinflussen, die seiner Interessenlage entsprechen. Lassen Sie mich exemplarisch nur auf ein Forschungsprojekt eingehen. So befasst sich das Google-Institut im Forschungsbereich „Globaler Konstitutionalismus und das Internet“ mit verwaisten Werken in digitalen Bibliotheken. Es handele sich dabei um „urheberrechtlich geschützt Werke, deren Rechteinhaber unbekannt sind oder nicht ermittelt werden können“, so heißt es auf der Web-Seite des Institutes. Ein Lizenzvertrag über solche Werke sei derzeit nicht möglich. „Die Frage, wie mit solchen Werken umzugehen ist, gewinnt zunehmend an Bedeutung, da diese nun digitalisiert und über das Internet zugänglich gemacht werden könnten.“ Nicht nur Bibliotheken hätten deshalb ein Interesse an der Frage, wird weiter erklärt, sondern auch Unternehmen und die Allgemeinheit.

Doch wer hat vor allem ein Interesse? Google natürlich.

Seit geraumer Zeit digitalisiert das Unternehmen die Bestände von Bibliotheken weltweit und macht sie auf eigenen Seiten im Netz zugänglich.

Doch Google will mehr: Der Zugriff zu verwaisten Werken bleibt der Web-Krake versperrt. Zumindest in Europa.

Das EU-Parlament hat bereits eine Richtlinie zu solchen Büchern verabschiedet. Demnach dürfen Bibliotheken, Museen und Archive diese Werke digitalisieren, wenn die Suche nach dem Rechteinhaber erfolglos geblieben ist. Die Veröffentlichung dieser Bücher darf nach dem Willen aus Brüssel aber keinem geschäftlichen Interesse dienen – und somit bleibt Google außen vor.

Wem also nutzt das Forschungsvorhaben des Google-Institutes? Google alleine. Und wie unabhängig wird das Forschungsergebnis wohl sein angesichts der Ausgangslage?

Natürlich bleiben solche Hintergründe jenen verborgen, die sich nicht intensiv mit der Materie beschäftigen. Selbst Profis stolpern: Vertreter des Innenministeriums der Bundesrepublik Deutschland sollen beim Forschungsinstitut für Internet und Gesellschaft vorstellig geworden sein. Es ging um eine Studie zum Thema Datenschutz. Stimmt es, dann würde die Politik auch nicht davor zurückschrecken, den Bock zum Gärtner zu machen.

Uns als Gesellschaft ergeht es in den öffentlichen Auseinandersetzungen und privaten Gesprächen, die sich um die Macht von Facebook, Twitter & Co. drehen, nicht viel anders. Wer von uns könnte behaupten, am Puls der Zeit zu leben? Vielleicht erklären das Halbstarke, die neben der Schule zu viel Zeit haben. Wer im Beruf steht, kann unmöglich alle Entwicklungen verfolgen und vor allem daraus die richtigen Schlüsse ziehen. Das ist die Kunst.

Schauen wir an, in welchem Tempo die Innovationen bei Google sprießen. Vorgestern hat es sich noch um eine Suchmaschine gehandelt, die dafür gesorgt hat, dass wir im Netz die Orientierung nicht verloren haben. Heute sehen wir eine Krake, deren Geschäftsmodell auf der Suche fußt, die ihre Tentakeln aber in alle möglichen Bereiche unseres digitalen Alltags ausstreckt: Smartphones, Tablet Computer, intelligente Uhren, Mail, Youtube, Fernseher, Autos – überall spielt Google mit.

Was wird morgen sein?

Hat Google dann unsere Finanzen im Griff, steuert den weltweiten Warenfluss mit eigenen Auslieferungslagern oder ist dank des Erfolgs mit selbststeuernden Autos zu einer Macht in der Automobilindustrie aufgestiegen – vielleicht mit eigenen Produktionsanlagen dank 3D-Technik? Auf Kosten der hiesigen Auto-Industrie …

Wir wissen es nicht.

Das Tempo, mit dem sich der Krake ausbreitet, erschwert die Prognosen und die Zuverlässigkeit der Vorhersagen.

Vielleicht wird Google in fünf Jahren schon selbst Geschichte sein. Während das Buch entsteht, wird Altavista zu Grabe getragen. Das Internetangebot entstand aus einem Forschungsprojekt von DEC, Digital Equipment Corporation, selbst Pionier der Computerindustrie, heute nur noch Pionieren der Branche bekannt. Altavista ging 1996 ans Netz. Damals in der Boom-Phase der Internetindustrie, als alles möglich schien, war altavista.digital.com erste Wahl für die Suche im Web. Google stand da erst in den Startlöchern.

Overture übernahm Altavista Anfang 2003. Der Käufer war einer der ersten, der erfolgreich Werbung im Internet platzierte – ist heute aber auch niemandem mehr bekannt. Denn im Sommer 2003, wenige Monate nur nach der Altavista-Übernahme, schlug Yahoo bei Overture zu und erlangte so auch die Rechte an der prähistorischen Suchmaschine. Damals zeichnete sich der Erfolg von Google ab.

Zehn Jahre später wurde Altavista.com, der Überflieger von einst, einfach abgeschaltet.

Der Tod waltet im Internet mit einem Klick.

Altavista gab es gerade mal 17 Jahre. Vor der Volljährigkeit hörte das Unternehmen, das einmal beste Chancen hatte, mit Google zu konkurrieren, auf zu existieren. Google hat die Volljährigkeit selbst noch nicht erreicht.

Nur die Starken überleben im Netz.

Diese Dynamik macht es so schwierig, die Entwicklungen im Internet korrekt einzuschätzen. Ist Facebook mehr als ein Phänomen einer Generation? Lässt das Interesse der Jugendlichen einmal nach, weil sie sich der enormen Verletzungen ihrer virtuellen Intimsphäre bewusstwerden? Oder werden sie zu jungen Erwachsenen, vielleicht zu den wichtigen Entscheidungsträgern in Wirtschaft und Politik von morgen, die Facebook als eines ihrer wichtigsten Instrumente nutzen, um sich untereinander zu vernetzen?

Nicht auszudenken, welche Machtfülle Facebook in einem solchen Falle von seinen Nutzern zugesprochen würde.

Obschon die Schwierigkeiten deutlich werden: Wir dürfen nicht nachlassen in der Beobachtung der Trends im Internet. Nur dann nämlich lassen sich die längerfristigen Entwicklungen festmachen, unabhängig von den aktuellen Spielern.

Auf diese Weise erkennen wir beispielsweise, dass der direkten Beziehung zum Kunden eine unvergleichliche Bedeutung beizumessen ist. Wenn wir uns anschauen, welchen Erfolg Suchmaschinen von Yahoo Mitte der 90er Jahre über Google kurz darauf und Altavista nur wenig später hatten, dann ist es genau diese Nähe zum Kunden, die als wesentliche Differenzierung den unterschiedlichen Erfolg der drei Unternehmen mit ähnlich gelagerten Angeboten ausmacht.

Wichtiger noch: Wir können Schlüsse ziehen für die künftigen Angriffspläne von Google, dem mit Abstand erfolgreichsten der Drei. Auf diese Weise finden wir auch Verteidigungslinien für unsere bestehenden Industrien. So können wir die Attacke zumindest abschwächen.

Schauen wir, wer was über die Kunden weiß, dann nähern wir uns diesem Erfolgsfaktor. Yahoo und Altavista? Fehlanzeige. Altavista hat nie übermäßigen Wert auf Informationen von Personen gelegt. Yahoo hat mit dem Sammeln der Daten erst spät und dann völlig unsystematisch begonnen.

Google dagegen: Am Anfang stand die Mission, alle Informationen der Welt zu sammeln. Damit waren explizit auch Daten über Personen gemeint.

Intermediäre sind in dieser schönen, neuen Welt überflüssig. Eine Versicherung beispielsweise war in der herkömmlichen Geschäftswelt so erfolgreich wie die Vertreter, die die Abschlüsse an Mann und Frau gebracht haben. Sie kannten die Bedürfnisse ihrer Kunden ins Detail, wussten, wo ein Kind zur Welt gekommen war, wo der geplatzte Schlauch einer Waschmaschine einen Schaden verursacht hatte.

Diese „Mittelsleute" entfallen in Digitalisten – Google übernimmt ihre Funktion. So plant das Unternehmen nach Informationen der Süddeutschen Zeitung eine Suchmaschine für Versicherungsverträge. Samt Abschluss per Klick.

Die Nähe zum Kunden nutzt Google für den Eintritt in neue Geschäftsfelder. Wer weiß heute, ob wir uns Sorgen um unsere Gesundheit machen? Ob wir nach einem Schwangerschaftstest schauen? Oder die Vorsorge für einen Todesfall planen? Google. Das Unternehmen kann solche Informationen mit Leichtigkeit abgreifen. Über die hauseigene Suchmaschine bekommt der Krake im Wortsinne alle Informationen zugetragen. Ohne selbst etwas machen zu müssen.

Überlegen Sie einmal, mit welchen Informationen Sie nur am heutigen Tage Google gefüttert haben – und welche Rückschlüsse daraus auf ihre Person möglich sind.

Erschreckend, oder?

Vom Wegfall der Intermediäre sind solche Industrien betroffen, in denen dem Wissen über und der Beziehung zum Kunden eine besondere Bedeutung zukommt. Spätestens jetzt verstehen Sie, wieso ich sicher bin, dass die nächste Attacke von Google die Finanzindustrie und die Versicherungswirtschaft treffen wird. In diesem Bereich kann der Krake seine Stärken gut ausspielen.

Nun haben wir viel über die Kräfte der Angreifer gesprochen, wie so oft in solchen Diskussionen gehen darüber unsere eigenen Fähigkeiten verloren.

Wir sind alles andere als machtlos. Wir sitzen am anderen Ende der Maus. Wir entscheiden über den nächsten Klick.

Wir entscheiden über Erfolg oder Misserfolg der Web-Kraken – über Leben oder Tod.

Wir müssen daher die gesellschaftlichen, politischen und wirtschaftlichen Kräfte, die uns verblieben sind, bündeln. Dann bringen wir entscheidende Impulse in die Diskussion.

Wir müssen uns selbst wieder das Recht herausnehmen, in Eigenregie zu denken und selbständig zu entscheiden. Kein Algorithmus dieser Welt kann uns diese Aufgabe abnehmen, keiner vor allem sollte das dürfen.

Ich bin mir durchaus bewusst, dass ich im Verlauf des Buches oft zu martialischen Vergleichen gegriffen haben: Die Rede war von den Angreifern, den Opfern, der nächsten Attacke oder Verteidigungslinien. Dem, was hinter den Kulissen des Wirtschaftsapparates im Moment abläuft, scheint mir diese Sprache angemessen.

Wir stehen in einem Kampf um den Fortbestand wesentlicher Werte unserer Gesellschaft: Freiheit, Recht, Einigkeit – ja, ich bin auf den vergangenen Seiten so weit gegangen zu behaupten, unsere Existenz stehe auf dem Spiel.

Auch das mag einigen von Ihnen zu weit gehen. Aber vor allem im ersten Szenario habe ich diesen Lesern aufzeigen wollen, wohin die Reise führen kann. Wir dürfen nicht in den Kategorien von heute denken. Wir haben es nicht mit innovativen Web-Konzernen zu tun, auch, natürlich. In erster Linie aber handelt es sich um gewinnorientierte Betriebe, denen jedes Mittel Recht zu sein scheint, wenn es um den Profit geht. Das habe ich nun mehrfach belegt.

Betrachten wir den Vorschlag, unser Denken, den gesellschaftlichen Diskurs, unsere Entscheidungen wieder selbst in die Hand zu nehmen als „Last Ressort" – als letzte Bastion im Kampf um unsere Zukunft, um das, was uns wichtig ist.

Wir müssen handeln.

Jetzt.

Frank Meik war als Geschäftsführer bei der F.A.Z. und beim Münchner Zeitungsverlag und als Vorstand bei der Cogisum Intermedia AG, einem Softwareunternehmen, tätig sowie in Führungspositionen beim Süddeutschen Verlag und der Dräger AG. Er war auch sieben Jahre Vorstand der WAN/IFRA, dem internationalen Verband der Zeitungs- und Medienbranche. Seit 30 Jahren hat er Erfahrungen in der Führung von Unternehmen, Ihrer strategischen Neuausrichtung und Neupositionierung bei Marktveränderungen gesammelt und Unternehmen in den vergangenen zehn Jahren bei diesen Entwicklungen als Berater begleitet. Er ist Autor des Buches „Wir klicken uns um Freiheit und Verstand – Warum die neuen Medien unsere Demokratie bedrohen“, das im Murmann Verlag 2012 erschienen ist.